So lebt

Nizza

*Der perfekte Reiseführer für einen unvergessli-
chen Aufenthalt in Nizza inkl. Insider-Tipps,
Tipps zum Geldsparen und Packliste*

Annika Rickert

✈ INHALT

Was Sie in diesem Buch erwartet

Reiseführer gibt es viele, auch über die französische Mittelmeerstadt Nizza. Warum also sollte ich noch einen schreiben? Nun gut, werden Sie vielleicht denken, weil ich das gern tue, was jeder Autor gern tut: Schreiben über Themen, über die man gut schreiben kann. Aber das war nicht mein wirklicher Antrieb.

Als viel und gern Reisende fiel mir auf, dass die meisten Reiseführer sachlich, neutral und insofern hilfreich für eine Tourenplanung sind. Mir fiel jedoch auch auf, dass sie leider die Liebe und den Tiefblick vermissen lassen, die eine Urlaubsdestination verdient hat. Reisen, eine fremde Stadt kennenlernen, das heißt schließlich nicht nur, Sehenswürdigkeiten abzuklappern und sich mit anderen Touristen im Hotel oder Restaurant zu treffen.

Reisen heißt, einen anderen Ort zu erkunden, sich auf ihn einzulassen, auf seine Geschichte, seine Traditionen, seine Kultur und auf die Lebensart seiner Leute. Genau das möchte ich Ihnen mit diesem Reiseführer bieten: Die Möglichkeit, in Ihr Urlaubsziel einzutauchen, hinter die Kulissen zu schauen, es zu verstehen und zu lieben.

Einen Rundgang durch die wichtigsten Sehenswürdigkeiten und Unternehmungen sowie praktische Tipps rund um Ihren Urlaub hält dieses Buch natürlich trotzdem bereit – es ist ja schließlich ein Reiseführer. Es ist aber auch eine Möglichkeit, Ihren Urlaub anders, besser zu gestalten, als Sie es für möglich halten würden.

Und noch eines möchte ich Ihnen bieten: Die Chance, Ihren Aufenthalt in Nizza nicht nur von den Erlebnissen, sondern auch finanziell so angenehm wie möglich zu verbringen. Ich selbst weiß aus

Erfahrung, wie es ist, mit knapper Kasse zu reisen und wie schnell während des Urlaubs das Geld schwinden kann. Deshalb habe ich Ihnen über das Buch verteilt immer wieder hilfreiche Spar-Tipps zusammengestellt.

Kommen Sie nun mit auf diese Reise in eine Stadt, die es verdient, geliebt zu werden. Für mich ist Nizza wie eine Heimat und ich hoffe, dass ich sie Ihnen mit diesem Buch ein Stück näherbringe.

Herzlich Willkommen...

Darf ich vorstellen? Nizza. Kommt Ihnen italienisch vor? So klingt es, aber sie ist Französin. Auch wenn Sie nur circa 30 Kilometer von der italienischen Grenze entfernt liegt und der Einfluss Italiens spürbar ist. In ihrem lokalen Dialekt wird sie *Nissa* oder *Niça* genannt, doch in der französischen Sprache heißt sie *Nice* (gesprochen: [nis]). Und meiner Meinung nach ist es kein Wunder, dass dieser französische Name dem englischen Wort *nice*, was so viel wie *sympathisch* oder *hübsch* bedeutet, gleicht. Denn sie ist wirklich eine hübsche Stadt mit einem sympathischen Charakter.

Mit ihrer Lage an der französischen Mittelmeerküste, Sonnenschein an fast 300 Tagen pro Jahr, durchschnittlichen Höchsttemperaturen von 26,6 Grad Celsius im Sommer und 12,5 Grad Celsius im Winter, ist Nizza der ideale Ort für all diejenigen, die Wärme brauchen, Hitze gut aushalten können und dem grauen, kühlen Nass des Nordens entfliehen wollen. Natürlich gibt es auch hier manchmal Regen - laut Statistik an 62 Tagen im Jahr, wobei sich diese fast ausschließlich auf die Monate Oktober bis Februar verteilen - und im Winter kann es theoretisch sogar mal schneien. Theoretisch. Praktisch wird man den Schnee eher auf den Gipfeln der Seealpen im Osten der Stadt sehen. Perfekte Voraussetzungen also für einen Strandurlaub.

Wer jedoch einen typischen Badeort erwartet, der wird verwundert sein. Zwar liegt Nizza direkt am Wasser und verfügt mit mehreren Stränden, Promenaden und einem Hafen über alles Typische eines Seebades. Andererseits jedoch handelt es sich nicht nur um die Hauptstadt des Départements Alpes-

Maritimes in der Region Provence-Alpes-Côte-d'Azur (kurz PACA), sondern mit über 340.000 Einwohnern im Stadtkern und ungefähr 930.000 Bürgern inklusive der Randgebiete auch um die zweitgrößte Stadt der Region PACA sowie die fünftgrößte Stadt Frankreichs.

Nizza ist also trotz ihrer Fläche von nur 72 Quadratkilometern eine Großstadt - die durchaus auch andere Schwerpunkte als nur den Tourismus hat. So befindet sich in Nizza zum Beispiel auch eine renommierte Universität, die Anlaufstelle nicht nur für junge Schulabsolventen aus der Region, sondern aus ganz Frankreich und der Welt ist. Und doch bildet der Tourismus mit 10 Milliarden Euro Einnahmen pro Jahr und 75.000 Arbeitsplätzen einen entscheidenden wirtschaftlichen Faktor für die Stadt - und jährlich 4,5 Millionen Touristen aus aller Herren Länder sind im Stadtbild kaum zu übersehen.

Sie alle zieht es an diesen Ort, der sowohl für Badeurlaub als auch einen Städtetrip, sowohl für Sightseeing als auch Ausflüge in die Natur und sowohl für Partybegeisterte als auch Kulturliebhaber geeignet ist. Vielleicht ist es auch die Mischung aus italienischem Flair und französischer Lage, die viele hierherzieht, denn sie macht Nizza zu einem perfekten Kompromiss für alle, die sowohl Frankreich als auch Italien lieben und sich nicht so recht entscheiden können. Als Kompromiss dürfte man eine Stadt wie Nizza aber natürlich niemals ernsthaft bezeichnen. Ihr Spitzname *Perle der Côte d'Azur* ist viel zutreffender.

Wenn Sie nur einen Wochenendtrip oder einen Kurzurlaub planen, dann heißt Sie Nizza selbstverständlich ebenso herzlich willkommen, wie wenn Sie länger bleiben. Dann werden Sie entweder am Strand etwas Sonne und Energie tanken oder Sie erkunden im Turbogang die Sehenswürdigkeiten. Um aber mehr als eine oder zwei der vielen Facetten dieser schönen Französin zu erleben, wenn Sie sich entspannen, aber auch rumkommen möchten und sogar mit einem Blick hinter die populären Kulissen ins wahre Nizza eintauchen wollen, dann sollten Sie mindestens zwei Wochen einplanen - gern aber auch mehr. Denn hier wird es Ihnen bestimmt nicht langweilig. Lassen Sie sich inspirieren!

ANNIKA RICKERT

Eine bewegte Stadtgeschichte

Als die Siedlung *Nikaia* (auch *Nicaia*) im Jahr 350 v. Chr. als griechischer Handelsstützpunkt gegründet wurde, blickte die Region bereits auf eine mindestens 350.000 Jahre dauernde Besiedlung zurück. Der archäologische Fund einer Siedlung östlich der Stadt legt sogar nahe, dass schon vor einer Million Jahre Menschen an diesem Ort gelebt haben, was Nizza zu einem der ältesten von Menschen besiedelten Gebiete der Erde machen würde. Der griechischen Epoche folgte ab ca. 150 v. Chr. eine lange Zeit römischer Herrschaft, in der Nizza allerdings nur als Hafen der nahegelegenen, schnell wachsenden Siedlung *Cemenelum* (heute *Cimiez*) diente.

Der Lauf der Geschichte wollte es dann jedoch, dass Nizza durch die Völkerwanderungen immer mehr Zulauf fand, während Cimiez eine gegenteilige Entwicklung durchmachte. Diese Entwicklung setzte sich im Mittelalter fort, da Nizza mit den sie umgebenden Bergen die besseren Voraussetzungen bot, um sich in dieser Zeit voller Kriege und Wirren zu verteidigen. So kam es, dass Nizza sich immer mehr vergrößerte und an Bedeutung in der Region gewann. Cimiez hingegen ist heute keine eigene Stadt, sondern nur noch ein Stadtteil von Nizza, welcher aufgrund seiner historischen Bedeutung, die besonders durch das Amphitheater sichtbar wird, eine Besichtigung wert ist.

Bis Nizza im Jahr 1861 endlich unter französische Regierung gestellt wurde, wechselte die Herrschaft fünf Jahrhunderte lang zwischen Frankreich und Italien bzw. den ihnen zugehörigen Grafschaften und Herrschern. Die längste Zeit verbrachte die

Stadt als auswärtige Grafschaft des Reichs von Savoyen, nachdem die Bevölkerung im Jahr 1388 die
Loslösung von Frankreich sogar selbst beschlossen
hatte. In der Folge war sie ständig umkämpft, wohl
auch aufgrund ihrer Lage an der französisch-italie-
nischen Grenze und ihrer guten Position als Han-
delshafen am Mittelmeer.

Die wohl bekannteste nizzaische Heldin war Catarina Segurana (frz. *Catherine Ségurane*), die im
Jahr 1543 die Okkupation durch die mit Frankreich
verbündeten Türken verhinderte - und das auf sehr
unkonventionelle Art. Als Nizza, welche damals noch
durch Stadtmauern umgeben war und nicht mehr als
den Bereich der heutigen Altstadt einnahm, eines
Morgens von den türkischen Truppen angegriffen
wurde, leistete jeder Bürger mit den Mitteln Wider-
stand, die ihm zur Verfügung standen.

Catarina Segurana, eine junge Wäscherin, nutzte
also ihr Wäschebleuel (eine Art großes Holzbrett
zum Ausschlagen nasser Wäsche), um gegen die Türken zu kämpfen. Mit diesem schlug sie einen von
ihnen nieder, der gerade die türkische Fahne über
der Stadt hissen wollte, und brach dann den Fahnen-
mast über ihr Knie entzwei. Damit nicht genug, soll

sie den türkischen Invasoren ihr blankes Gesäß gezeigt haben, um ihnen zu verdeutlichen, was sie von ihnen hielt. Von dieser Aktion sollen die Angreifer so schockiert gewesen sein, dass sie - zumindest vorerst - ihr Vorhaben aufgaben. So zumindest sagt es die Legende. Der mutigen Wäscherin wurde nicht nur ein Denkmal in der *Rue Sincaire*, wo das Ereignis stattfand, gewidmet, sondern ihr zu Ehren existiert jedes Jahr ein Feiertag am 25. November.

Wenn Sie sich in der Stadt umschauen, werden Ihnen einige Zeugnisse ihrer langen und teils turbulenten Geschichte ins Auge fallen. Trotz der jahrhundertelangen Konflikte, die viele historische Bauwerke zerstörten, konnten dank eines effektiven Denkmalschutzes viele Monumente erhalten werden. Besichtigt werden können diverse Denkmäler, Paläste, Kirchen, Festungen, Plätze und historische Architektur.

Durch die zeitweise Herrschaft Italiens wurde das italienisch anmutende Stadtbild geprägt. Während die historischen Gebäude und Plätze erhalten blieben, veränderte sich die Bevölkerung dennoch; die italienische Mehrheit verschwand, ab den 1930er Jahren war sie bereits eine Minderheit in der nun französisch sprechenden Stadt. Doch auch England und Russland hatten in der jüngeren Vergangenheit einen sichtbaren Einfluss auf Nizza, denn schon im 18. Jahrhundert entdeckten sie den Ort als Zuflucht vor dem feuchtkalten Winter für sich.

Seit dem Jahr 1864, begünstigt durch den Anschluss an das französische Eisenbahnnetz, wurde Nizza mehr und mehr zum Ziel für Touristen. In dieser Zeit dehnte sich die Stadt immer weiter aus; ursprünglich bestand die Ortschaft nur aus der Altstadt um den Hafen herum, doch nun entstand die Neustadt auf dem gesamten Westufer der *Baie des Anges*. Ab 1868 wurde der Fluss *Paillon* schrittweise eingewölbt, was die Einrichtung vieler Parks und Grünflächen im Inneren der Stadt möglich machte und Bauflächen für öffentliche Gebäude schaffte.

Zunächst waren es noch die europäischen Adligen, dies es hierher zog, doch im 20. Jahrhundert wurde die Region dann zum Zentrum der Reichen und Schönen, bis nach dem Zweiten Weltkrieg ein regelrechter Tourismus-Boom aus allen Bevölkerungsschichten und Einkommensklassen stattfand, der bis heute angehalten hat. Neben der touristischen Entwicklung ist Nizza zu einer Wirtschafts-

und Geschäftsmetropole geworden, die für die Region eine immense Bedeutung hat.

Eine ganz schöne Wandlung hat unsere kleine Nikaia also durchgemacht und sie kann stolz auf sich sein, dass sie alles so gut überstanden und sich behauptet hat. Das alles hat sie geformt und macht sie heute zu einem vielseitigen, gleichzeitig historischen und modernen, quirligen und erholsamen Reiseziel.

Nissa verstehen

Doch bevor wir gleich die Stadt erkunden, wollen wir zunächst etwas mehr über das Wesen ihrer Bewohner erfahren. Wie schon erwähnt, waren die prägendsten Einflüsse die französische und die italienische Herrschaft, aber auch die Anwesenheit englischer und russischer Besucher. Sie formten nicht nur das Äußere der Stadt durch Bauwerke, Fassaden, Anlagen und Straßen, sondern auch die Zusammensetzung der Bevölkerung, ihre Kultur, ihre Traditionen, ihre Sprache und ihren Charakter.

Während in der Altstadt die bunten Fassaden von den italienischen Vorfahren erzählen, spiegelt die Neustadt mit ihren Prunkbauten die Einflüsse des englischen und russischen Adels wider, der in der *Belle Époque* in das schöne Städtchen strömte. Die prominenteste Hinterlassenschaft der Engländer ist die Uferstraße *Promenade des Anglais*, während sich die Russen mit der orthodoxen Kirche *Cathédrale Orthodoxe Russe* (Avenue Nicolas II / Boulevard Tzarévitch) ein berühmtes Denkmal gesetzt haben, welches als schönste Kirche dieser Religion außerhalb Russlands gilt. Moderne Gebäude findet man trotz dessen, dass Nizza heutzutage das Wirtschafts- und Kongresszentrum der Region ist, nur selten.

Selbstverständlich ist Nizza als europäische Stadt im 21. Jahrhundert ebenso international und multikulturell wie viele andere Orte. Historisch bedingt sind die größten Anteile der Bevölkerung und Einflussgeber der Lebensart allerdings noch immer Italien und England bzw. Großbritannien sowie der provenzalische Charakter selbst.

Während die italienische Herrschaft und nach und nach auch die italienische Sprache verschwunden sind, behält ein großer Teil der Bevölkerung dennoch seine italienischen Wurzeln. Deutlich wird dies nicht nur am Erscheinungsbild der Stadt, sondern auch an den Namen in dieser Region, da auf eine Umwandlung in eine französische Schreibweise oft verzichtet wurde.

Heute wie im 18. Jahrhundert ist Nizza ein beliebtes Ziel für Briten und inzwischen auch Amerikaner. Viele von ihnen verbringen lange Zeiten hier, haben oft sogar einen Zweitwohnsitz oder betreiben Pubs in der Stadt. Dies führt dazu, dass neben Französisch auch Englisch eine vielgesprochene Sprache in Nizza ist. Oft wird man, besonders unter jüngeren Leuten, hören, dass in einer Unterhaltung beide Sprachen gesprochen werden - entweder spricht jeder seine Muttersprache, Französisch oder Englisch, und der andere versteht ihn trotzdem oder beide sprechen eine Mischung beider Sprachen, so genanntes *Frenglish*.

Wichtiger für die lokale Identität ist jedoch die traditionelle Sprache *Nissart*, welche eine Unterform des Provenzalischen und damit eine Ausprägung der okzitanischen Sprache ist, die in ganz Südfrankreich gesprochen wird. Hierbei verwende ich bewusst den Begriff Sprache, nicht Dialekt, da das Okzitanische nicht nur in einer aussprachemäßigen Abwandlung des Französischen besteht, sondern eigene Schreibweisen, eigene Wörter und sogar eine eigene Grammatik besitzt. So auch das Nissart, welches aus dem Altprovenzalischen entstand und viele Ausdrücke italienischen Ursprungs enthält, aber auch deutliche Gemeinsamkeiten mit dem mittelalterlichen Französisch aufweist, welches dem heutigen noch ziemlich unähnlich war.

Hier ein paar erste Vokabeln, damit Sie nicht nur „Bahnhof" verstehen:

Deutsch	Französisch
Guten Tag!	Bonjour!
Auf Wiedersehen!	Au revoir!
Sehr erfreut.	Enchanté.
Guten Appetit!	Bon appétit!
Ich heiße ...	Je m'appelle ...
Wie geht's?	Comment ça va?
Einen schönen Tag !	Bonne journée!
Es ist schönes Wetter.	Il fait beau.
Wie spät ist es?	Quelle heure est-il?
ja	oui
nein	non
essen	manger
bezahlen	payer
Das reicht!	Ça suffit!
das Brot	le pain
der Markt	le marché
das Wasser	l'eau

Wenn Sie ein bisschen Französisch können oder versucht haben es zu lernen, dann wissen Sie, dass hierbei so ziemlich nichts so ausgesprochen wird, wie es geschrieben wird. Dann wird es Sie freuen, dass es sich bei Nissart anders verhält - die Aussprache ähnelt sehr dem Italienischen, zwar muss man sich auch einige Regeln merken (zum Beispiel wird *ou* wie [u] ausgesprochen), aber ansonsten gleicht das geschriebene Wort ungefähr dem gesprochenen.

Auch das Französisch der Region wird für Sie sicher leichter zu verstehen sein als das, welches Sie in der Schule lernen oder zum Beispiel in Paris hören. Es wird hier langsamer gesprochen, Endungen nicht so stark weggelassen und auch das *e* am Ende eines Wortes darf gern mitgesprochen werden.

Nicht nur ältere und traditionsbewusste Menschen pflegen die nissardische Sprache, sondern durchschnittlich 1.500 Schüler in Nizza lernen sie als Wahlfach und 400 von ihnen absolvieren sogar eine Abiturprüfung in Nissart. Für den Touristen ist sie vielerorts zu entdecken.

So kann man auf den Ortsschildern nicht nur französische, sondern auch nissardische Namen lesen. Auch einige Wegweiser und Straßennamen rufen die historische Sprache in Erinnerung. So gibt es zum Beispiel den *Quai Rauba Capeu*. Dieser Name ist wohl darauf zurückzuführen, dass es an diesem Ort, der sich vorgelagert und etwas erhöht zwischen der Promenade des Anglais bzw. dem Quai des États-Unis und der Hafeneinfahrt befindet, so ziemlich die windigste Stelle in der Stadt ist - *rauba capeu* bedeutet nämlich so viel *wie den Hut stehlen.*

Aus den vielen einflussgebenden Komponenten und historischen Wandlungen ist ein ganz eigener, besonderer, einzigartiger lokaler Charakter entstanden. Die *Niçois* sind ein relaxtes Volk mit mediterranem Temperament, sie sind sich ihrer Traditionen und Geschichte bewusst und darauf bedacht, sie zu bewahren und in Ehren zu halten. Sie sind freundlich, weltoffen und tolerant. Ein Lächeln oder ein spontanes Gespräch mit einem bis dahin Fremden auf der Straße, im Café oder auf dem Markt können dem aufgeschlossenen Besucher an jeder Ecke begegnen.

Lassen Sie sich darauf ein und laufen Sie nicht mit Scheuklappen nur den touristischen Attraktionen hinterher. Nizza ist mehr als Monumente, Museen und Meer. Es ist ein Lebensstil, der einen spätestens am zweiten Tag mitreißt und nicht mehr loslässt. *Issa Nissa!* oder ... *M'en bati, sieu nissart!* - das ist hier das Motto und heißt so viel wie: *Mir doch egal, ich bin aus Nizza.* Man ist stolz auf das, was man ist, wer man ist, wie man ist. Auf seine Wurzeln, seine Sprache, sein Essen, seine bewegte Geschichte, seine vielfältige Kultur, seine Stadt und seine Landschaft, seine Individualität.

Man misst sich nicht an den Ansprüchen und Vorgaben anderer Menschen (und Städte) und genau durch diese Einstellung erreicht man, dass kaum andere Menschen oder Städte sich mit Nissa und den Niçois messen können.

Top 10 der Touristen Attraktionen

Nun wollen wir uns aber endlich in der Stadt umschauen und die Attraktionen kennenlernen, die so viele Touristen nach Nizza locken.

Place Masséna

Der größte und wichtigste Platz der Stadt verbindet das alte Nizza mit der modernen Zeit. *La Place Masséna* befindet sich zwischen der Altstadt und der

Neustadt und ist in einem großen Rund angelegt, das mit schwarz-weiß kariertem Boden und einem großen Springbrunnen in der Mitte im neoklassizistischen Stil in der Mitte des 19. Jahrhunderts erbaut wurde. Rings um den Platz führen ein breiter Fußweg und ein einspuriger Kreisverkehr, der die strahlenförmig abgehenden Einkaufsstraßen verbindet.

Hier pulsiert das Leben, hier trifft man sich, geht shoppen, zum Strand oder in einen nahegelegenen Park. Seit dem Jahr 2007 befindet sich ein Kunstwerk, bestehend aus sieben Skulpturen auf jeweils neun Meter hohen Masten, in der Mitte des Platzes. *La Conversation (die Unterhaltung)*, so der Titel, soll die sieben Kontinente symbolisieren. Sie sind besonders abends und nachts sehenswert, denn dann werden sie in wechselnden Farben beleuchtet.

Place Rossetti und Cathédrale de Nice

Mitten in der Altstadt befindet sich der *Place Rossetti*, an dem Sie nicht nur reinstes Altstadt-Feeling inmitten der gelblichen und rötlichen Fassaden der Altbauten erleben können, sondern auch einen wunderschönen Springbrunnen und die prächtigste barocke Kathedrale Nizzas. *La Cathédrale Sainte-Réparate de Nice* wurde im 16. Jahrhundert zu Ehren der Märtyrerin *Santa Reparata* erbaut und ist optisch an die Sakralbauten aus der Römerzeit angelehnt. Äußerlich ist sie in Form eines römischen Kreuzes angelegt, innerlich gleicht sie dem Petersdom in Rom. Der überaus prunkvoll ausgeschmückte Bau steht seit dem Jahr 1906 unter Denkmalschutz.

Notre-Dame de Nice

Etwas nördlich der Altstadt, an der Avenue Jean Médecin, gelangen Sie zu einer weiteren schönen Kirche, die zwar als größte Kirche Nizzas gilt, allerdings weniger pompös ist und damit nicht nur einen Ort zum Besichtigen, sondern auch zum Verweilen und Ruhe finden bietet. *La Basilique Notre-Dame de Nice* trägt nicht nur zufällig den gleichen Namen wie ihre große Schwester in Paris, obwohl ihr offizielles Vorbild die *Kathedrale von Anger* ist. Die Kirche, die im gotischen Stil zwischen 1864 und 1868 erbaut wurde, gleicht nahezu komplett der *Notre-Dame de Paris*.

Besonders nach dem verheerenden Brand der berühmten Pariser Kathedrale ist es umso schöner, dass die Notre-Dame de Nice noch perfekt erhalten ist. Abends ist die Kirche von außen ein besonderer Anblick, denn sie ist dann wunderschön beleuchtet.

Monastère de Cimiez

Das sich im historischen Stadtteil *Cimiez* befindende Kloster (frz. *monastère*) aus dem neunten Jahrhundert ist von außen mit seinen Säulen, Türmen, Balustraden und Fenstern hübsch verziert, während man im Inneren wunderschöne Deckenmalereien bewundern kann. Dazu gehörig ist ein großer Friedhof, *le Cimetiaire du Monastère*, auf dem berühmte Personen, wie zum Beispiel der Künstler *Henri Matisse*, ihre letzte Ruhe gefunden haben.

Die Grabanlagen sind beeindruckend anzuschauen und auch ein Ort, an dem man selbst zur Ruhe kommt. Ebenfalls Entspannung findet man im angrenzenden Garten, *le Jardin du Monastère*, der einst als Obst- und Gemüsegarten von den Mönchen angelegt wurde. Der zentrale Brunnen und die alten

Pergolen findet man noch immer dort vor. Inzwischen wachsen dort anstelle von Obst und Gemüse jedoch Bäume, Sträucher und zahlreiche schöne duftende Blumen.

Arènes de Cimiez

Ganz in der Nähe des Klosters findet man das römische Amphitheater (frz. *arènes*) aus der Zeit, in der die Siedlung Cemenelum noch die eigentliche Stadt und Nizza nur der Hafen war. Zwischen den Ruinen des geschichtlichen Bauwerks und dem Kloster kann man durch einen Garten mit Wiesen und großen Olivenhainen voll von über 100 Jahre alten Bäumen wandern. Auch das *Musée Archéologique de Nice*, in dem man historische Ausgrabungsfunde der Stadt besichtigen und mehr über die Geschichte Nizzas erfahren kann, befindet sich auf dem Gelände.

Palais des Ducs du Savoie

Auch bekannt unter dem Namen *Palais Sarde*, ist der *Palais des Ducs du Savoie* ein geschichtliches Denkmal wie auch ein optisch beeindruckendes Bauwerk. Seine Errichtung begann in der Mitte des 19. Jahrhunderts, wobei das genaue Datum unbekannt ist, und von 1610 bis 1860 war der in der Altstadt unweit der *Cathédrale Sainte-Réparate* gelegene Palast der Herrschersitz der Grafschaft von Savoyen.

Der zweite Name, *Palais Sarde* oder *Palais de Sardaigne*, kommt daher, dass die Savoyer zu jener Zeit auch über Sardinien regierten. Seitdem Nizza zu Frankreich gehört, befindet sich die Polizeipräfektur in dem historischen Haus, weshalb es auch *Palais de Préfecture* genannt wird.

Palais de Justice

Direkt neben der Präfektur befindet sich der *Palais de Justice*, das Justizgebäude. Als ein hohes, imposantes und Raum einnehmendes Bauwerk wurde es von 1890 bis 1892 im neoklassizistischen Stil erbaut und ist ein architektonischer Hingucker.

Auf der Eingangsseite sieht man hohe Säulen und diverse Verzierungen sowie die französischen Grundwerte *Liberté - Égalité - Fraternité (Freiheit - Gleichheit - Brüderlichkeit)*. Abends, wenn der Palast, welcher noch heute den Gerichtssitz der Region beheimatet, von außen erleuchtet ist, bietet er einen noch beeindruckenderen Anblick als bei Tage.

L'Opéra de Nice

Auch wer sich nicht für Opernaufführungen interessiert, kommt an dem Opernhaus nicht vorbei, ohne zu staunen. Das im italienischen Palazzo-Stil gestaltete Gebäude in der Altstadt, welches im Jahr 1885 fertiggestellt wurde, erinnert mehr an ein Fürstenhaus und zählt zu den schönsten Bauwerken der Stadt. Im Inneren gibt es neben prunkvoller Architektur nicht nur Operngesänge zu hören, sondern auch Konzerte aus allen möglichen Musikrichtungen.

Promenade des Anglais

Man nimmt es so gar nicht wahr und doch bewegt man sich während seines Urlaubs zig Male, wenn man zum Strand geht oder am Wasser entlang schlendert, über eine Sehenswürdigkeit. Die *Promenade der Engländer* erstreckt sich bereits seit circa 200 Jahren am Ufer der Stadt entlang des Strandes.

Natürlich hat sie sich im Laufe der Zeit verändert, im Gegensatz zu anderen Monumenten, da sie nicht nur ein historisches Dokument, sondern eben vor allem ein Gebrauchsgegenstand ist. Doch obwohl inzwischen Steinplatten und Asphalt gelegt wurden, wo einst ein Sandweg war, sind es doch dieselben Grundsteine, auf denen man geht und steht, dieselben Mauern, welche die Promenade abgrenzen, bevor es zum Strand runtergeht, und wo heute Sie spazieren gehen oder auf einer der Bänke ein Eis essen, flanierten im 19. Jahrhundert die adligen Engländer und blickten, auf einer Bank sitzend, auf das Meer.

Heutzutage erstrahlt die von Palmen gesäumte Uferstraße vor allem nach Einbruch der Dunkelheit, wenn sie durch zahlreiche Lichter erhellt wird.

Hôtel Negresco

Zum Übernachten ist es hier für die meisten Menschen zu teuer - die Preise beginnen ab circa 160 Euro pro Nacht für ein Einzelzimmer in der Nebensaison. Und doch ist das Hotel *Negresco* für jeden einen Besuch wert. Denn es ist nicht nur ein berühmtes Hotel, sondern auch ein Stück Kultur und Stadtgeschichte.

Erbaut im Jahr 1913, als sich der rumänische Kellner *Henry Negresco*, dem das Hotel seinen Namen verdankt, mit Hilfe einiger Geldgeber den Traum erfüllte, ein eigenes Hotel an der Côte d'Azur zu eröffnen, zwischenzeitlich als Krankenhaus umfunktioniert und seit 1957 nach dem Erwerb durch die ortsansässige Familie *Augier* wieder ein internationales Nobelhotel, ist das Hotel Negresco schon von außen etwas ganz Besonderes. Das fünfgeschossige Gebäude im Stil der Belle Époque, das seit 2003 unter Denkmalschutz steht, thront quasi über der Promenade des Anglais und ist schon von Weitem an der roten Kuppel zu erkennen, die seinen Eckturm schmückt.

Entworfen hat diese Kuppel kein Geringerer als *Gustave Eiffel*, dem Frankreich sein Wahrzeichen in Paris verdankt. Der Legende nach soll Eiffel für das Design der Kuppel des Negrescos den Busen seiner Frau zum Vorbild genommen haben. Auch im Inneren des Hotels gibt es Kultur pur: Nicht nur ist jedes Stockwerk im Stil einer anderen Epoche gestaltet, sondern das Negresco besitzt auch eine umfangreiche Sammlung an klassischen und zeitgenössischen Kunstwerken, wie zum Beispiel von *Salvador Dalí* und *Niki de Saint-Phalle*. Vor der Tür des Hotels, das für 20 Filme eine Kulisse bot, steht ein Portier in einem napoleonischen Reiterkostüm, dessen Hauptaufgabe es zu sein scheint, sich von und mit Touristen fotografieren zu lassen.

Unternehmungen und Ziele

In Nizza und drum herum gibt es aber weitaus mehr zu sehen als diese zehn gut erreichbaren Sehenswürdigkeiten. Gehen wir nun auf ein paar längere Ausflüge.

La Colline du Château

Hoch über der Stadt thront der Ort, von dem sie sich einst vor langer Zeit ausbreitete. Geographisch zwischen dem Hafen und der Strandpromenade gelegen, am Quai Rauba Capeu, erhebt sich der kleine Berg steil mit rund 100 Metern Höhe. Hinauf führt ein beschwerlicher, doch dank des Ausblicks schöner Weg zu Fuß über mehrere hundert Stufen - besonders in den heißen Sommermonaten sollte man es sich aber reiflich überlegen, ob man den Aufstieg wagen möchte.

Als Alternative dazu kann man entweder mit dem Auto bis fast auf den Gipfel fahren oder es gibt am Quai Rauba Capeu einen Fahrstuhl, der einen schnell und ohne Anstrengung nach oben bringt.

Oben angekommen, bietet sich den Besuchern ein Panorama von Ost nach West, ein malerischer Blick über die gesamte Bucht, den Hafen und die Dächer der Stadt. Meines Erachtens ist es der schönste Ort in ganz Nizza. Ein besonderes Erlebnis ist es, hier bei einem abendlichen Picknick den Sonnenuntergang zu genießen oder früh am Morgen die Sonne über dem Hafen aufgehen zu sehen und dem Zirpen der Grillen zu lauschen. Ein Moment kann wohl kaum perfekter sein als solch einer - und das sogar, ohne Geld zu kosten.

Etwas zu besichtigen gibt es hier natürlich auch - es heißt nicht umsonst *La Colline du Château*. Auf dem Hügel befinden sich die Ruinen der alten Festung aus der Römerzeit und die Kathedrale *Notre-*

Dame du Château. Für Naturliebhaber birgt La Colline noch einen weiteren Schatz: eine typisch mediterrane Parkanlage. Zwischen exotischen Pflanzen und alten Pinien lässt es sich wunderbar entspannen, wandern oder auch joggen, denn die Luft ist auch an heißen Tagen angenehm, ganz besonders auch in der Nähe des Wasserfalls, der sich ebenfalls hier oben befindet.

Insider Tipp

Für eine Stärkung nach dem Aufstieg oder den Proviant für das Picknick sorgt *La Citadelle Snack du Château.* Es handelt sich um eine Mischung aus einem kleinen Restaurant mit Sitzgelegenheiten und einem Take away Service. Das Angebot besteht nicht etwa aus Fast Food, sondern aus hausgemachten Gerichten. Unter anderem gibt es hier die meiner persönlichen Meinung nach beste Pizza in der Stadt. Das Personal ist freundlich und aufgeschlossen und nimmt sich auch die Zeit für ein kleines Gespräch oder ein paar Tipps.

Parc Forestier du Mont-Boron und Fort du Mont-Alban et Grotte du Lazaret

Ein anderer, weitaus größerer Berg ist der *Mont Boron*, welcher sich ein bisschen außerhalb der Stadt im Osten befindet. Auf ihm erstreckt sich ein 57 Hektar großer Wald voller großer, alter Aleppo-Pinien und seltenen Pflanzen wie Eukalyptusbäumen, Zypressen und wilden Orchideen.

Durch dieses Naturerlebnis ziehen sich Wanderwege von insgesamt elf Kilometern Länge. Wer herumkommen will, sollte also gut zu Fuß sein. Es gibt allerdings auch immer wieder Bänke, auf denen man sich ausruhen kann und die Bäume spenden Sauerstoff und Schatten.

Von einer Aussichtsplattform in 178 Metern Höhe bietet sich Ihnen ein fantastischer Blick über die *Baie des Anges* zur einen Seite und über die kleinen Ortschaften im Osten Nizzas bis nach Italien zur anderen Seite.

Ebenfalls einen weiten Ausblick über die Stadt und die Umgebung, bei schönem Wetter sogar bis nach Korsika, hat man von dem *Fort du Mont-Alban*, welches sich hoch oben in 222 Metern Höhe auf dem Gipfel des Berges befindet. Das Fort ist eine mittelalterliche Festung aus dem 16. Jahrhundert, die sich mit ihren Bollwerken und Warten noch immer gut erhalten präsentiert.

Insider Tipp

Für den Aufstieg zur Festung nehmen Sie sich unbedingt genug zu trinken und eine Kopfbedeckung mit. Besonders im Sommer prallt die Sonne unerbittlich auf den Gipfel und bei hohem Sonnenstand helfen auch die Pinien nicht. Auf der sonnenabgewandten Seite der hohen Festung findet man allerdings Schatten. Festes Schuhwerk ist zudem auch bei warmen Temperaturen anzuraten. Zwar sind die giftigen Schlangen, die in der Region leben sollen, sehr menschenscheu und werden Ihnen deshalb wohl eher nicht begegnen. Doch die Wege in dem Wald sind Sandwege, mit Sandalen könnte es also unbequem werden.

Die Besichtigung des Fort du Mont-Alban ist eine schöne Gelegenheit, Sightseeing und Natur miteinander zu verbinden. Und was es noch besser macht, ist dass es nicht viele Menschen gleichzeitig hierherzieht. So hat man, wenn man Glück hat, die ganze Festung für sich allein und auch auf den

Wanderwegen kann es sein, dass man längere Zeit niemandem begegnet. Das Grün und die blühenden Pflanzen ziehen nicht nur Touristen und Einwohner an, sondern auch die einheimische Fauna fühlt sich hier wohl. Bei Ihren Spaziergängen werden Sie also, wenn Sie die Augen offenhalten, viele bunte Schmetterlinge, seltene Bienen, hübsche Libellen und zwitschernde Vögel entdecken. Wenn Sie Glück haben, setzt sich auch die eine oder andere Eidechse zu Ihnen, während Sie auf einer Bank oder einem Stein eine Pause machen.

Unter dem Berg befindet sich die *Grotte du Lazaret.* Hierbei handelt es sich um eine 35 Meter lange und vier bis 14 Meter breite steinzeitliche Höhle, die vor circa 150.000 Jahren von Neandertalern bewohnt wurde und seit 1963 unter Denkmalschutz steht. Zu besichtigen ist sowohl die Grotte bei freiem Eintritt von Mittwoch bis Sonntag zwischen 12:00 Uhr und 14:00 Uhr als auch eine Wechselausstellung über die Höhle, die Steinzeit und die Neandertaler.

Pyramide de Falicon et Grotte de Ratapignata
Ein Stück nördlich des Mont Boron, nahe des kleines Ortes *Falicon,* befindet sich ein Denkmal, welches Rätsel aufgibt. Es handelt sich um eine Pyramide aus

Stein, um die sich diverse Mythen ranken. Angeblich soll sie schon einige Jahrtausende alt oder gar in der Antike erbaut worden sein - wofür ihr schlechter Zustand sprechen würde - und der Ort für okkulte Zeremonien, Opferungen und dergleichen gewesen sein. Wissenschaftlich sind diese Geschichten jedoch nicht erwiesen. Vielmehr wurde herausgefunden, dass die Pyramide wohl erst im 19. Jahrhundert zu Napoleons Zeiten gebaut wurde. Gemessen daran, dass Napoleon bis nach Ägypten wanderte und von dort sicher Eindrücke mit zurücknahm, scheint dies die weitaus plausiblere Erklärung zu sein.

Unter der Pyramide befindet sich eine Felsgrotte, die *Grotte de Ratapignata*. Das Wort *ratapignata* bedeutet auf Nissart *Fledermaus*. Und genau diese kleinen Tierchen, die seit einiger Zeit das inoffizielle Symbol der Einwohner Nizzas sind, wohnen hier unten in einer großen Gruppe. Für Naturliebhaber und Tierfreunde ist es ein Muss - für viele andere wahrscheinlich ein Wagnis, dort hineinzugehen.

Dass Fledermäuse Menschen angreifen oder sich, gewollt oder ungewollt, in ihren Haaren verfangen, sind jedoch ebenfalls nur Mythen. Die kleinen Flugsegler, die es bevorzugen, über Kopf zu schlafen, haben weder Interesse an Menschen, noch sind sie besonders tollpatschige Flieger. Im Gegenteil: Ihr Echolot verhindert, dass sie, obwohl sie mit hoher Geschwindigkeit im Dunkeln fliegen, irgendwo gegenprallen oder sich verfangen. Wenn Sie mögen - und Respekt für die Tiere haben - können Sie die Grotte also ohne Sorge besichtigen.

Nach Osten über Monaco bis nach Menton

Als nächste Nachbarin von Nizza erwartet Sie, wenn Sie ostwärts fahren, das bunte Fischerdorf *Villefranche-sur-Mer*. In dem verschlafenen, typisch mediterranen Örtchen können Sie vom Strand der kleinen Bucht aus den Blick nach links auf die Halbinsel *Cap Ferrat* genießen. Diese Halbinsel ist auch selbst einen Abstecher wert, denn hier gibt es nicht nur einen romantischen Strand, sondern in dem Dorf *Saint-Jean-Cap-Ferrat*, welches nur knapp über 1.600 Einwohner zählt, befindet sich eine berühmte Sehenswürdigkeit, die *Villa Ephrussi de Rothschild*.

Um diesen Prunkbau im Stil der italienischen Renaissance herum wurde ein kunstvoller, farbenprächtiger Garten angelegt, in dem Sie ein ganz besonderes Schauspiel beobachten können: Zu wechselnder klassischer Musik tanzen Fontänen in einem

Wasserbecken - und sind tatsächlich so programmiert, dass sie sich ganz genau im Takt der Musik bewegen. Ein Stück weiter gelangt man nach **Beaulieu-sur-Mer**, welche als eine der schönsten Ortschaften der Gegend gilt - daher auch der Name - *beau lieu* bedeutet *schöner Ort.*

Obwohl das Dorf nicht einmal 5.000 Einwohner hat, findet man hier nicht nur diverse Attraktionen, sondern auch Entertainment. Mehrere Museen, ein Casino, einen Musik-Pavillon, ein Kongresszentrum und einen internationalen Yachthafen hat Beaulieu zu bieten. Als historische Sehenswürdigkeit kann man unter anderem die romanische Kapelle *Santa Maria de Olivo* besichtigen, die im 11. Jahrhundert erbaut wurde. Zum Baden und Sonnen lädt der schöne Strand ein, der angenehmerweise durch Palmen von der Promenade abgegrenzt ist. An Sommerabenden finden in dem Ort regelmäßig die *Nuits Guitares* statt, bei denen man sich öffentlich zu Gitarrenmusik versammelt.

Ein ganz anderes Feeling entsteht, wenn man noch weiter an der Küste entlang reist - denn dann kommt man in das berühmte Fürstentum **Monaco**, in dem fast 80 % der 38.000 Einwohner, die sich auf weniger als zwei Quadratkilometern drängen, wohlhabende Ausländer sind.

Dementsprechend angespannt ist die Verkehrslage in der Stadt der Millionäre. Doch sehenswert ist sie allemal, nicht nur wegen der Berühmtheit von *Fürst Rainier III* und seiner verunglückten Gattin *Grace Kelly*, dem Casino von *Monte Carlo* und dem großen Yachthafen, sondern auch wegen der Altstadt und ihren Bauwerken sowie verschiedenen Museen wie dem direkt am Wasser gelegenen *Musée Océanographique*, welches sich mit Meereskunde beschäftigt.

Man würde vermuten, dass es in so einem Ort auch eine Strandpromenade geben müsste - dem ist aber nicht so. Die Stadt, die auf einem Berg liegt, hat aber trotzdem einige Strände, an denen man baden oder Wassersport betreiben kann. Zudem hat sie trotz ihrer engen Bebauung auch für Naturfreunde etwas zu bieten. Hoch oben über dem Fürstenpalast befindet sich der botanische Garten *Jardin Exotique*, wo man nach dem Trubel von Monte Carlo zwischen mediterranen und exotischen Pflanzen aufatmen kann.

Nur einen Katzensprung von Italien entfernt, gelangt man schließlich nach **Menton**, einer Ortschaft, die für ihre mittelalterliche Architektur berühmt ist und aufgrund ihrer Lage auf einer Anhöhe einen Panoramablick über die Côte d'Azur bietet, während sich direkt hinter der Stadt die Seealpen auftürmen. Hier ist man fast in Italien, das fühlt man und sieht es auch, nicht nur am Stadtbild, sondern auch an den Bewohnern.

Am äußersten Ende von Frankreich sollten Sie aber vorsichtig sein, wenn Sie zu Kreislaufproblemen neigen, denn bei wärmeren Temperaturen staut sich aufgrund der engen Nähe zu den hohen Bergen die Luft und macht einem das Atmen schwer. Dennoch ist es ein schönes Erlebnis, hierherzukommen - nur lieber nicht im Hochsommer.

Nach Westen über Cagnes-sur-Mer nach Cannes

Gleich vor Nizzas westlichen Toren liegt *Cagnes-sur-Mer*, die kleine und ruhigere Schwester von Nizza. Im unteren Teil, *Le Cros de Cagnes*, kann man entspannt baden und am Strand liegen, am Hafen flanieren oder in Strandbars den Tag ausklingen lassen. Besonders schön ist die neue Uferpromenade, die am Abend in vielen Lichtern erstrahlt.

In *Le Haut de Cagnes*, dem oberen Teil des Ortes, der auf einer Anhöhe liegt, findet man nicht nur ein mittelalterliches Dorf mit verwinkelten Gassen, sondern auch das *Château Grimaldi*, ein Schloss aus dem Herrschaftsbesitz der Fürstenfamilie aus Monaco. Doch nicht nur diese fühlte sich hier wohl - auch der berühmte impressionistische Maler *Auguste Renoir* lebte hier. Sein ehemaliges Wohnhaus ist heute ein Museum seiner Kunstwerke.

Ein gutes Stück weiter an der Küste kommt man zu einer Landzunge, vor der die Stadt **Avignon** liegt. Das Auffälligste an ihr sind die alten Stadtmauern und das *Fort Carré*, eine riesige sternförmige Festung, die noch heute die Stadt zu bewachen scheint. Wie Nizza ist diese größere Ortschaft historisch und zugleich modern, so zieht es sowohl Kulturinteressierte als auch Erholungssuchende hierher.

Für den expressionistischen Künstler *Pablo Picasso* war sie Inspiration, Wohnsitz und Schaffensstätte zugleich. Deshalb befindet sich in der dortigen Burg, die früher auch zum Besitz der Grimaldis gehörte, ein Museum, welches sich exklusiv dem Werk Picassos widmet. Für Strandliebhaber hat Avignon auch etwas zu bieten, denn auf der Halbinsel mit dem Seebad *Juan-les-Pins*, die sich vor Avignon ins Mittelmeer erstreckt, gibt es sogar Sandstrände.

Einen Sandstrand findet man ebenfalls, wenn man weiter westlich nach **Cannes** fährt. Cannes ist vor allem wegen des jährlich hier stattfindenden internationalen Filmfestes bekannt und so ist es ein mondäner Ort, an dem man die Aura der berühmten Filmstars zu spüren scheint.

Doch eigentlich ist Cannes ein ganz normales kleines Küstenstädtchen, das einst ein Fischerdorf war. Auf dem *Boulevard de la Croisette* - der Strandpromenade, die im Jahr 1850 nach dem Vorbild der Promenade des Anglais erbaut wurde - mit ihren palastartigen Hotels, Casinos, Restaurants und Nobelboutiquen lässt sich hiervon kaum noch etwas erahnen. Doch dahinter verbirgt sich eine historische Altstadt mit mittelalterlichen Häusern, kleinen Straßen, hübschen Kirchen und ganz normalen Menschen, die mindestens ebenso sehenswert ist wie die Luxusmeile am Strand. Schon allein dieser extreme Gegensatz ist einen Ausflug nach Cannes wert.

Die ganze Tour nach Osten wie auch nach Westen ist übrigens gut mit der Bahn abzufahren, denn all diese Küstenorte liegen an ein und derselben Eisenbahnstrecke, die auch durch Nizza führt.

Das Hinterland

Coaraze, Gourdon, Peille, Sainte-Agnès, Saorge... Für einen Ausflug in die Ortschaften im Hinterland setzen Sie sich am besten ins Auto oder aufs Fahrrad, da es hier keine Zugverbindungen gibt und die Busanbindung nicht überall gut ist. Die Entscheidung für eine Radtour sollte aber wohlüberlegt sein, denn sie ist nur etwas für sehr sportliche Menschen. Schließlich besteht Nizzas Hinterland aus Hügeln und Bergen, es geht also die ganze Zeit bergauf und bergab.

Dafür bieten Ihnen die malerischen historischen Dörfer mit mittelalterlichen Gebäuden und winzigen Gassen aufgrund ihrer Lage von bis zu 1.000 Metern Höhe einen fantastischen Ausblick über bis zu 80 Kilometer auf die Küste und ins umliegende Land. Zwischendurch kommen Sie immer wieder an Bauernhöfen, Wäldern und Lavendelfeldern vorbei.

Besonders hervorgehoben werden müssen hier die Ortschaften *Saint-Paul-de-Vence* und *Èze*. Vorab die gute Nachricht: Beide können Sie mit dem Bus, Èze sogar mit der Bahn erreichen.

Nur 50 Busminuten von Nizza entfernt liegt **Saint-Paul-de-Vence** auf einem Hügel zwischen dem Meer und den Bergen. Die namensgebende

Kirche *Saint Paul* aus dem 12. Jahrhundert und die Befestigungsanlagen aus dem 16. Jahrhundert sind historische Sehenswürdigkeiten des noch immer mittelalterlich anmutenden Dorfes. Die Besonderheit dieses Ortes wussten auch viele Künstler zu schätzen.

Matisse und *Picasso* arbeiteten hier, *Marc Chagall* lebte hier sogar für 20 Jahre und ist hier begraben. Noch heute zieht es etliche Künstler und Kunsthandwerker hierher, die Vielzahl an Galerien und Ateliers ist kaum zu überblicken. Etwas außerhalb befindet sich zudem die *Fondation Maeght*, welche ein privates Museum für moderne und zeitgenössische Kunst ist. Neben den Dauerausstellungen von Werken der Künstler *Miró, Chagall, Kandinsky* und vielen weiteren finden Wechselausstellungen statt und es gibt außerdem einen sehr schönen Skulpturengarten.

Èze gehört nur zur Hälfte zum Hinterland, die andere Hälfte ist ein Küstenort. Denn das Dorf besteht aus zwei Teilen, welche circa zehn Kilometer voneinander entfernt sind. Der alte Teil, *Èze Village*, thront auf einem Felsen über der Halbinsel Cap Ferrat. In 429 Metern Höhe wachsen hier aufgrund der

Temperaturen, die selbst im Winter um circa fünf Grad über denen der anderen Orte der Region liegen, Bananen, Datteln und Zitronenbäume. Auch einen Kakteengarten gibt es hier. Noch beeindruckender als die Vegetation ist das Dorf selbst - betritt man es, macht man eine Zeitreise um 500 Jahre zurück.

Auf den roten Backsteinstraßen zwischen der Burgruine aus dem 12. Jahrhundert, den Torbögen, antiken Brunnen und mit Blumenkästen geschmückten Steinhäusern, lässt sich kaum erahnen, dass wir im 21. Jahrhundert leben.

Hier kann man abschalten von allem Stress, allem Trubel, der uns heutzutage umgibt. Etliche Kunstateliers und Kunsthandwerksläden säumen die Gassen, teils befinden sie sich sogar in Höhlen am Felsen. Einen Fußweg von 1,5 Stunden entfernt gelangt man wieder in die aktuelle Welt - *Èze-sur-Mer* ist der neue Teil des Dorfes, an die Küste gebaut, mit Hotels, Cafés, Restaurants, einer Strandpromenade und einem Bahnhof. Èze ist eine wunderbare Möglichkeit, beide Facetten der Côte d'Azur, die historische und die moderne, jede für sich und doch nah beieinander, zu erleben.

Die Hauptstadt der Côte d'Azur

Nur Paris hat mehr Museen - den Titel *kulturelle Hauptstadt der Côte d'Azur* hat sich Nizza daher mehr als verdient. Besonders für Künstler und Kunstliebhaber war und ist die Côte d'Azur ein sehr bedeutender Ort.

Berühmte Maler wie *Marc Chagall, Henri Matisse, Auguste Renoir, Pablo Picasso, Vincent Van Gogh* und viele mehr kamen hierher, um sich von der atemberaubend schönen Natur und den Szenen des quirligen und doch entspannten Lebens für ihre

Werke inspirieren zu lassen. Eine ganz besondere Rolle spielte für die Künstler dabei das Licht, das die Farben der Landschaften und Städte der Côte d'Azur in ganz besonders schönen Nuancen erstrahlen lässt. Nizza verfügt über bedeutsame Sammlungen von Werken der Künstler, die in der Stadt und um sie herum ihren zeitweiligen Schaffensmittelpunkt hatten und stellt sie den Blicken der interessierten Besucher in etlichen Museen zur Verfügung.

Aber auch heutzutage sind Nizza und die Côte d'Azur noch immer ein wichtiges Zentrum für Künstler aus aller Welt, die hier entweder ihre Inspirationen gewinnen oder auch versuchen, ihre Werke an Kunstliebhaber zu verkaufen, denn Nizza und die Côte d'Azur sind, auch wenn mittlerweile auch viele Reisende mit mittleren bis niedrigeren Einkommensverhältnissen zu Besuch kommen, noch immer ein starker Anziehungspunkt für die Reichen und Berühmten.

Überall in der Stadt findet man kleinere und größere Galerien und Kunstateliers, in denen bekannte und unbekannte zeitgenössische Künstler ihre Werke zur Schau stellen und zum Verkauf anbieten. In der Altstadt gibt es kleine Gassen, in denen sich

Ateliers von Kunstmalern, Bildhauern und Kunst-
handwerkern dicht aneinanderreihen. Für Besucher, die selbst kunstschaffend tätig sind, sei es als
Hobby oder als Beruf, ist es interessant, sich anzuschauen, wie die Künstler dort arbeiten und ihre
Kunst präsentieren und sich in einem Gespräch mit
ihnen auszutauschen.

Als kunstbegeisterter Mensch wird man, wenn
man ein bisschen mehr Geld als für einen Druck eines bekannten Möbelhauses ausgeben kann, sicher
ein schönes Erinnerungsstück erwerben können, ansonsten auf jeden Fall viele Eindrücke im Kopf und
im Herzen mitnehmen. Ein kleiner Tipp am Rande:
Die Bilder, die an der Promenade oder am Rand be-
lebter Straßen meist auf dem Boden liegend verkauft
werden, sehen zwar auf den ersten Blick auch nicht
schlecht aus - sie sind allerdings meist keine Origi-
nale, sondern in Fernost gefertigte Drucke.

Nicht erwerben, aber ansehen kann man Kunstwerke bekannter Künstler in mehreren Museen in
Nizza.

Musée Matisse

Im Stadtteil Cimiez erwartet Sie das *Musée Matisse*, welches Werke des Künstlers *Henri Matisse* aus seiner gesamten Schaffensphase von 1890 bis zu seinem Tod in Nizza im Jahr 1954 ausstellt. Zu sehen sind sowohl Gemälde und Zeichnungen sämtlicher von ihm verwendeten Techniken als auch Skulpturen sowie persönliche Gegenstände des Malers und Bildhauers. Neben seinen abstrakten Werken sind seine post-impressionistischen Gemälde der Landschaften der Côte d'Azur und der Stadt Nizza für den Besucher des Ortes sicher am interessantesten.

Das Museum befindet sich ganz in der Nähe der Arenen von Cimiez, ein Besuch bei Henri Matisse lässt sich also wunderbar mit einem Ausflug in die Entstehungsgeschichte Nizzas verbinden.

Adresse: Avenue des Arènes de Cimiez 164
Weitere Informationen unter:
www.musee matisse nice.org

Musée National Message Biblique Marc Chagall

Ein weiteres Museum, welches sich ausschließlich des Werks eines Künstlers widmet, finden Sie einige Straßen weiter. Das *Musée National Marc Chagall* hält eine umfangreiche Sammlung an Werken in verschiedenen Techniken des modernen Malers für Sie bereit und ist thematisch gegliedert. Der Maler Chagall beschäftigte sich inhaltlich mit religiösen Themen, die er in seinen oft abstrakten Gemälden darstellte. Daher kommt auch der Beiname des Museums *Message Biblique (Biblische Botschaft)* und so sind die Werke in den Ausstellungsräumen nach Büchern des Alten Testaments geordnet.

Adresse: Avenue Docteur Ménard 36

Weitere Informationen unter:

https://musees-nationaux-alpesmaritimes.fr/chagall/

Musée d'Art Moderne et d'Art Contemporain

In dem modernen Bau des *Musée d'Art Moderne et d'Art Contemporain* am Place Yves Klein sind an die 1.300 Werke moderner und zeitgenössischer Kunst beherbergt, die dem Besucher einen umfangreichen Einblick in die Entwicklung der Kunst von den 1970er Jahren bis heute ermöglichen. Ausgestellt sind im Innen- und Außenbereich des Museums unter anderem Gemälde, Skulpturen und Installationen von *Niki de Saint-Phalle, César, Andy Warhol*, der *Schule von Nizza* und etliche weitere Werke der modernen Kunstrichtungen wie zum Beispiel *Neuer*

Realismus, Pop Art, Minimal- und Konzeptkunst.

Von dem Musée d'Art Moderne et Contemporain erstreckt sich die *Promenade des Arts (Kunstprome-nade) bis zum Théâtre National de Nice.* Sie zählt zwar nicht zu den schönsten Straßen Nizzas, doch finden hier Kunstevents statt und sie ist von diversen Skulpturen gesäumt, was sie selbst auch noch einmal zu einem Kunsterlebnis macht - und das immerhin mit freiem Eintritt.

> Adresse: Place Yves Klein 1
>
> Weitere Informationen unter:
>
> www.mamac-nice.org

Musée des Beaux-Arts

Wer sich mehr für klassische Kunstwerke interessiert, sollte ins städtische Kunstmuseum *Musée des Beaux-Arts* gehen. Dort findet man Gemälde und Skulpturen bekannter und der Allgemeinheit vielleicht auch weniger bekannter Künstler der verschiedenen Epochen vom 16. bis zum 20. Jahrhundert, wobei der Schwerpunkt auf französischen Malern und Bildhauern liegt. Vertreten sind zum Beispiel *Agnolo Bronzino, Jan Brueghel der Jüngere, Abraham Bloemart, Jean-Honoré Fragonard, Hubert Robert, Camille Corot, Théodore Rousseau, Félix Ziem* und *Claude Monet*. Das Museum selbst ist auch von außen ein Hingucker, denn es handelt sich um eine sehr schöne Villa im Stil der *Neo-Renaissance*.

Adresse: Rue des Baumettes 33

Weitere Informationen unter:

www.musee-beaux-arts-nice.org

Insider-Tipp

Leider ist der Eintritt in die Museen Nizzas seit dem Jahr 2015 nicht mehr kostenfrei. Wenn Sie planen, mehrere Museen in relativ kurzer Zeit zu besichtigen, lohnt sich unter Umständen der Kauf eines *French Riviera Pass*. Dieser kostet für 24 Stunden 26 Euro, für 48 Stunden 38 Euro und für 72 Stunden 56 Euro. Vor dem Kauf sollten Sie aber reiflich überlegen, wie viele Museen Sie in der Zeit wirklich besichtigen möchten (und können), die betreffenden Eintrittspreise zusammenrechnen und überprüfen, ob die Museen, die Sie besuchen wollen, tatsächlich im French Riviera Pass inbegriffen sind.

Nachtleben, Festivals und Events

Nach Einbruch der Dunkelheit erwacht Nizza noch einmal von Neuem zum Leben. Etliche Bars, Clubs und Pubs laden zum Feiern und Tanzen, aber auch zum gemütlichen Beisammensitzen ein.

Natürlich gibt es die In-Lokale rund um die Promenade des Anglais. Hier zu nennen ist zum Beispiel die Bar im Hotel Negresco. Sehen und gesehen werden, High Society und wer es gerne wäre, das steht hier im Vordergrund. Entsprechend sind die Preise und entsprechend un-nissardisch ist das Feeling.

Weitaus schöner ist die Nacht in der Altstadt. Hier fühlt man das Leben der Stadt, hier treffen sich Einheimische, Studenten und Urlauber in den engen Gassen mit kleinen Bars und Pubs, die teils von Briten betrieben werden. Die meisten Lokale haben in der lauen Mittelmeerluft auch abends ihre Tische draußen, die Türen stehen offen und man fühlt eine seltsame wohltuende Vertrautheit mit den eigentlich Fremden. In vielen Pubs bekommt man zudem Live-Musik von oft jungen unbekannten, doch guten Bands zu hören und es gibt auch kleine Bereiche, wo man tanzen kann, wenn man möchte. Das alles kostet weitaus weniger als anderswo - Eintritt muss man nur selten zahlen und die Drinks sind, verglichen mit den Preisen in der Neustadt, fast geschenkt.

> **Insider-Tipp**
>
> Eine offizielle Sperrstunde gibt es zwar nicht, aber die meisten kleineren Lokale schließen spätestens um 1:00 Uhr. Und das heißt in Nizza, dass man dann tatsächlich gleich gehen muss, egal ob man ausgetrunken hat oder nicht. Schauen Sie also am besten bei Ihrer letzten Bestellung noch einmal auf die Uhr.

In Nizza pulsiert das Leben - das merkt man auch daran, dass das ganze Jahr über unzählige Festivals und Events stattfinden. Kunst, Kultur, Theater, Musik, Sport, Entertainment und nicht zuletzt Tradition werden auf viele Arten gefeiert. Viele der Feste sind einmalig, doch einige kehren jedes Jahr wieder. So zum Beispiel das *Nice Jazz Festival*, das auf dem *Place Masséna* und im *Théâtre de Verdure* stattfindet und bei dem Jazzkünstler und Besucher aus aller Welt zusammenkommen.

Traditionell am wichtigsten ist der *Carnaval de Nice*, der schon seit dem Jahr 1294 jeden Februar ganz Nizza auf die Beine bringt. Anlässlich des nissardischen Karnevals wird die Stadt bunt geschmückt, Schauspieler und Musiker treten auf und es gibt ein großes Feuerwerk.

Ebenfalls bedeutend ist das Hafenfest, *Lou Festin dou Puourt,* welches immer im September ist. Hierbei verwandelt sich der Hafen in ein Lichtermeer mit diversen Ständen, Animationen und einer Freilichtbühne, auf der Konzerte stattfinden.

Über die aktuellen Events während Ihres Urlaubs informieren Sie sich am besten unter *https://de.nicetourisme.com/veranstaltungskalender-fur-nizza.*

Relaxen und genießen

Jetzt aber mal Pause und einen Gang runterschalten... Bei allem, was man sehen und erleben will, ist Urlaub schließlich auch dazu da, sich auszuruhen und zu erholen.

Sonne tanken am Strand

Azurblaues Wasser, klarer Himmel und strahlender Sonnenschein - dieses Ambiente lädt Sie dazu ein, sich an einem der 20 öffentlichen und 15 privaten Strände, die fast alle von der Stadt aus gut erreichbar sind, zu entspannen und im angenehm warmen

Wasser zu schwimmen.

Fast alle der Strandabschnitte bestehen aus Kieselsteinen, nur *Beau Rivage* und *Plage des Ponchettes* sind aufgeschüttete Sandstrände. Außerdem gibt es einige Felsstrände sowie solche, die eigentlich keine echten Strände sind, sondern aus Betonplattformen bestehen, von denen aus man über Leitern ins Wasser gelangt.

Nicht alle Strandabschnitte sind bewacht und es gibt unterschiedlichen Komfort, wie zum Beispiel WCs, Liegen oder Sonnenschirme. An allen Stränden, mit Ausnahme des *Plage La Lanterne* ganz im Westen, besteht eine gute bis sehr gute Wasserqualität und für Wassersportaktivitäten sind, mit Ausnahme des *Plage du Carras*, von den Badezonen abgetrennte Bereiche eingerichtet. Welche die schönsten Strände sind, muss jeder natürlich für sich selbst entscheiden, denn jeder hat andere Wünsche und Ansprüche.

Wer gern mitten im Leben ist und es von der Innenstadt oder Altstadt aus in wenigen Minuten ans Meer schaffen will, für den sind die Hauptstrände im Osten an der Promenade des Anglais die richtigen. Zu ihnen steigt man bis zu 20 Stufen hinab von der Promenade und befindet sich mitten unter anderen

Menschen, die auch den Stadtbummel mit dem Sonnenbad am Wasser verbinden wollen.

Deutlich ruhiger sind dagegen die Strände, die noch weiter in Richtung Hafen oder gen Westen in Richtung Flughafen gelegen sind, wie zum Beispiel *Plage de Fabron* und *Plage Aubry-Lecomte.* Hier kann man sich auch in der Hauptsaison sonnen und baden, ohne sich wie eine Sardine in der Büchse zu fühlen. Die östlich und westlich gelegenen Strände bieten außerdem den schönsten Blick auf die Bucht.

Für Rollstuhlfahrer gibt es zwei Strände, die auf die speziellen Bedürfnisse eingestellt sind: den *Plage du Carras* und den *Plage du Centenaire.*

Wenn Sie Wassersport betreiben möchten, dann sind der private Strand *Le Sporting* oder der öffentliche *Plage du Carras*, an dem Sie zum Beispiel Jetskis leihen können, für Sie das Richtige.

Für alle, die es etwas komfortabler brauchen, gibt es die Privatstrände. *Lido Plage, Beau Rivage, Ruhl Plage* und andere bieten Ihnen höchsten Komfort mit Sonnenschirmen, Liegen, Duschkabinen, Sonnenterrassen und Restaurants. Der *Neptune Plage* und der *Plage Miami Beach* verfügen auch über einen Kinderspielplatz. Für den Normalsterblichen ist das natürlich nichts, jedenfalls nicht, wenn man mehr als einen Tag am Strand verbringen möchte. Die Preise für eine Liege plus Sonnenschirm belaufen sich auf 16 bis 25 Euro pro Tag, ein Menü im Restaurant kann leicht mal 30 Euro kosten.

Ein bisschen Strand-Tradition finden Sie am *Plage de l'Opéra* am Quai des États-Unis vor, denn dies ist der älteste Strand Nizzas und das dortige Restaurant ist seit 1889 Familienbetrieben.

Wer es natürlicher mag, für den ist der *Plage de Coco* gut geeignet. Dieser Abschnitt nahe dem Hafen besteht aus Felsen und ist wenig frequentiert, da er nicht besonders gemütlich zum Liegen ist. Wem es aber ausreicht, im Sitzen auf das Meer zu schauen, dem bietet sich ein schöner Blick auf den Hafen und über Leitern kann man von den Felsen auch ins Wasser steigen, um zu schwimmen. Allerdings ist dies wegen des Verletzungsrisikos an den schroffen Steinkanten dort auch gefährlicher als an den anderen Stränden.

Wenn Sie Ihren Hund mit an den Strand nehmen möchten, ist der *Plage La Lanterne* dafür die einzige öffentliche Möglichkeit. An verschiedenen privaten Stränden sind Haustiere aber erlaubt.

Achten Sie vor dem Strandbesuch am besten auf die Schilder, die Ihnen sagen, ob der Strand bewacht ist, ob Sie rauchen oder Ihren Hund mitbringen dürfen.

Insider-Tipp

Sich am Tag zu sonnen, ist zwar sehr schön, aber noch schöner ist es, sich abends zum Sonnenuntergang an den Strand oder auf die *Prom*, wie die Promenade des Anglais hier genannt wird, zu setzen. Die meisten Leute gehen ab 19:00 Uhr zum Essen und es wird deutlich leerer am Wasser. Wenn die Sonne im Mittelmeer versinkt, hat man insbesondere von den weiter östlich an der Bucht gelegenen Stränden einen atemberaubenden Blick auf das Wasser und den Himmel, welche sich in den im positivsten Sinne des Wortes kitschigsten Farben färben.

Durchatmen in der Natur

Stadt und Natur geht nicht? Geht sehr wohl. Nizza ist eine wahre grüne Lunge, in der Sie in unzähligen Parks und Gärten auf insgesamt 400 Hektar Fläche Entspannung und frische Luft zum Atmen finden. In ihrer Schönheit stehen sie sich kaum in etwas nach, auch wenn sie mitunter sehr verschieden sind.

Für eine Verschnaufpause innerhalb der Stadt bietet sich der *Jardin Albert 1er*, welcher in unmittelbarer Nähe der Promenade des Anglais und des Place Masséna liegt, an. Dies ist der älteste Garten Nizzas und insofern auch ein Stück Stadtgeschichte, in die Sie zwischen verschiedenen Palmenarten und Rosengärten eintauchen können. Ebenfalls zentral gelegen ist der *Parc Vigier*, der ganz nah am Hafen eine Vielzahl seltener Baumarten beheimatet.

In diesen innerstädtischen Parks und Gärten werden Sie natürlich die Ruhe mit anderen Ruhesuchenden teilen müssen. Unruhig ist es deshalb aber trotzdem nicht - mehr Action gibt es dagegen im *Parc Castel des Deux Rois* am Hang des Mont Boron auf der östlichen Seite Nizzas, der Kindern diverse Spielmöglichkeiten bietet und im *Parc Phoenix*, in dem Veranstaltungen stattfinden und zahlreiche Wasservögel und exotische Tiere, darunter sogar Krokodile, leben. Für Familien ist das natürlich ein idealer Ausflugsort.

Wirkliche Ruhe und unberührte Natur finden Sie hingegen hinter den Grenzen des Stadtgebietes in mehreren Nationalparks und Naturschutzgebieten.

Am nördlichen Stadtrand befindet sich unter anderem der *Cascade de Gairaut*, bei dem es sich um einen kleinen Wasserfall an einem Chalet-Pavillon aus dem Jahr 1883 handelt, umgeben von einer Parkanlage. Ein idealer Ort zum Entspannen und Träumen. Von dort aus gelangt man auf einen kleinen Wanderweg, den *Sentier du Canal du Gairaut*, der über kleine Brücken unter alten Oliven- und Feigenbäumen an einem Bach entlangführt und durch seine erhöhte Lage einen weiten Blick über die Stadt erlaubt.

Im Westen der Stadt kann man unter anderem den *Jardin Botanique* (dt. *Botanischer Garten*) erkunden, welcher sich über drei Hektar am Hang eines Hügels erstreckt und einen Panorama-Blick über das *Var-Tal* bis zum *Estérel-Gebirge* für die Besucher bereithält. Man wandelt dort zwischen über 3.000 Pflanzenarten, darunter sowohl typisch mediterrane als auch exotische Gewächse.

Der größte und bedeutendste Park der Gegend liegt ein Stück östlich der Stadt - der *Parc Naturel Départemental de la Grande Corniche* erstreckt sich über das Hinterland mehrerer Ortschaften auf einem Gebiet von 660 Hektar hügeligen Geländes. Hier gibt es nicht nur naturbelassene Wälder, sondern auch einen Küstenwanderweg, von dem aus man über die gesamte französische *Riviera* und bis nach Italien sehen kann. Der Nationalpark ist ein Naturschutzgebiet im Rahmen des Projektes *Natura 2000* und stellt für einige Tier- und Pflanzenpopulationen einen der letzten Lebensräume dar. So findet man hier zum Beispiel die extrem seltene Nizza-Knotenblume, den Europäischen Blattfingergecko und die Haarstrangwurzeleule. Eines der Tiere zu entdecken, ist aber eher unwahrscheinlich, die exotischen Pflanzen hingegen sind kaum zu übersehen.

Bummeln in der Altstadt

Tauchen Sie ein in die bunte Vielfalt der Sinneseindrücke, die Ihnen die Perle der Côte d'Azur zu bieten hat. Mitten in der Altstadt, auf dem *Cours Saleya*, warten unzählige Marktstände und ein echt nissardisches Ambiente auf Sie. Der *Marché aux Fleurs (Blumenmarkt)* besteht seit 1897 und diente ursprünglich dazu, dass die Bauern ihre Blumen an Händler verkauften, die diese in andere Länder verschifften.

Die übrig gebliebenen Kleinmengen wurden dann auf dem Marktplatz an die Einwohner der Stadt verkauft. Heutzutage ist der *Vieux Marché* ein

Magnet für Touristen gleichermaßen wie für Einheimische. Zu kaufen gibt es hier nicht mehr nur Blumen, sondern eine große Auswahl an Erzeugnissen aus dem Umland von Nizza, wie zum Beispiel Früchte, Gemüse, Gewürze, Seifen, Öle, Düfte und allerlei Produkte mit Lavendel, für den die Provence bekannt ist.

Für den kleinen Hunger zwischendurch werden außerdem traditionelle Speisen frisch zubereitet. Der Markt ist dienstags bis samstags von 6:00 Uhr bis 17:30 Uhr und sonntags von 6:00 Uhr bis 13:30 Uhr geöffnet.

Insider-Tipp

Kurz vor Marktschluss verkaufen die Händler ihre Waren zu stark reduzierten Preisen, um sie nicht wieder mitnehmen zu müssen bzw. weil sie am nächsten Tag vielleicht nicht mehr verkaufsfähig sind. Ein guter Moment, um Schnäppchen zu machen und sich für das abendliche Picknick einzudecken.

Montags findet ab 7:30 Uhr bis zum späten Nachmittag an der Stelle ein Antiquitätenmarkt statt, auf dem man einige schöne Souvenirs entdecken kann, und abends verwandelt sich der Cours Saleya im Sommer in einen romantisch beleuchteten Kunsthandwerkermarkt, auf dem Sie das eine oder andere Andenken finden oder einfach nur die Stimmung genießen können.

Doch auch die kleinen Gassen, die in die Altstadt hineinführen, locken mit allerhand Geschäften und Genüssen. In den urigen schmalen Straßen reihen sich kleine, zugleich preiswerte und originelle Boutiquen für Mode und Accessoires, Geschäfte für Süßwaren und regionale Lebensmittel, Antiquitäten- und Souvenirläden, Parfümerien, Weinkeller und Künstlerateliers eng aneinander. Es gibt so viele Eindrücke, hier kann man die Welt - und die Zeit - leicht vergessen.

Zwischendrin findet man immer wieder kleine Restaurants, Bistros und Cafés, in denen man bei einem Glas Wein und einer guten Mahlzeit zu erschwinglichen Preisen das bunte Treiben in aller Ruhe beobachten kann.

Träumen im Hafen

Von der Altstadt sind es nur wenige Schritte bis *La Darse*, dem alten Hafen von Nizza. Wer den Charme und die Romantik eines typischen Mittelmeerhafens liebt, der kommt im inneren zurückgelagerten Bereich voll auf seine Kosten. An der Hafenpromenade liegen unzählige kleine bunte Boote, die an ein Fischerdorf erinnern. Hier ist man der Geschichte Nizzas am nächsten, baute die Stadt sich doch aufgrund des Seehandels als Hafenstützpunkt auf.

Viele der Boote sind natürlich nicht wirklich Fischerboote, sondern private Segelboote und kleine Yachten, die im nostalgischen Stil gehalten sind. Geht man ein Stück weiter in Richtung der Hafeneinfahrt, werden die Boote zu Schiffen und wird Nostalgie zu Moderne.

Hier zeigt sich, warum Nizza auch als Ort der Reichen und Schönen gilt - hier glänzen die riesigen, mit Security bewachten Hochseeyachten um die Wette und man kann Mutmaßungen anstellen, welcher Promi darauf seinen Wohlstand genießt. Noch ein Stück weiter, bevor man um die Kurve auf den Quai Rauba Capeu und von dort aus wieder zu den Stränden gelangt, legt die Fähre nach Korsika an. Für einen Tagesausflug ist die Insel allerdings nicht geeignet, denn auch wenn sie so nah erscheint, dauert die Überfahrt fünf bis neun Stunden. Aber auch wenn man nicht mitfährt, ist das große Schiff beeindruckend anzusehen und von einem der zahlreichen, vornehmlich auf Fisch spezialisierten Restaurants kann man entspannt die Szenerie des alten und neuen Hafens auf sich wirken lassen.

Spezialitäten und Lokalitäten

Nach den ganzen Unternehmungen haben Sie nun bestimmt Hunger und Durst. Dann können Sie natürlich in ein internationales Fastfood-Restaurant gehen - ich möchte Ihnen aber davon abraten. Nicht, weil die Fastfood-Restaurants in Nizza schlechter wären als anderswo.

Aber zum einen, weil Fastfood wirklich nicht die gesündeste Art der Ernährung ist und in der südlichen Wärme noch schwerer im Magen liegt als ohnehin, und zum anderen, weil Ihre schöne Urlaubsstadt auch kulinarisch außergewöhnlich Gutes zu bieten hat.

Die Nizzaer Küche ist ganz klar typisch provenzalisch und mediterran, auch hier lassen sich italienische Einflüsse erkennen bzw. erschmecken. Auf der Zutatenliste stehen regional angebaute Gemüse und Gewürze wie Paprika, Tomaten, Mangold, Zucchini, Zwiebeln, Auberginen, Knoblauch, Thymian, Rosmarin, Schnittlauch, Salbei und Olivenöl. Dank der großen Auswahl an leckeren Gemüsesorten ist die Speisekarte der Provence sowohl sehr schmackhaft als auch gesund und bietet zum Glück auch für Vegetarier eine reiche Auswahl. Die Küstenstadt Nizza hat aber selbstverständlich auch Meeresfrüchte wie Sardellen, Anchovis und Stockfisch zu bieten. Als Nachtisch gehören zum Beispiel Maronen und kandierte Früchte zu den regionalen Spezialitäten.

Der weltbekannte *Salade Niçoise, Risotto à la Niçoise* (Reis mit Tomaten, Safran, Muscheln und Oliven), *Pain à l'anis* (Anisbrot), *Tarte aux blettes* (Kuchen mit Äpfeln, Rosinen, Pinienkernen und Mangold) und *Pissaladière* (Zwiebelkuchen mit Oliven und Anchovis) sind nur einige der über 200 lokalen

Spezialitäten. Am berühmtesten ist die *Socca* - dies ist ein Pfannkuchen aus Kichererbsenmehl, der kurz in Olivenöl gebacken und mit frischem schwarzem Pfeffer bestreut wird. Er wird sowohl als Snack zwischendurch als auch als Vorspeise serviert. In jedem Fall gilt aber, dass er immer heiß gegessen werden muss und nicht wieder aufgewärmt werden darf.

Diese und weitere lokale Spezialitäten werden von verschiedenen Restaurants angeboten. Seit einigen Jahren gibt es das Label *Cuisine nissarde, le respect de la tradition*, das nur Restaurants tragen dürfen, die mindestens drei traditionelle nissardische Gerichte in ihrem Programm haben, welche vor Verleihung des Labels von einer Fachjury getestet wurden. Hier seien nur einige der nissardischen Restaurants zu nennen, die mit freundlichem Personal, einem gemütlichen Ambiente und sehr guter Kochkunst aufwarten:

- *La Table "À" Julie*, Rue Arson 50 (in der Nähe des Hafens)
- *La Ratapignata*, Avenue du Ray 63 (im Norden)
- *Acchiardo*, Rue Droite 38 (Altstadt)
- *La Cantine de Lulu*, Rue Alberti (Innenstadt)
- *La Socca d'Or*, Rue Bonaparte 45 (Altstadt)

> **Insider-Tipp**
>
> Natürlich hat so ein kulinarischer Ausflug seinen Preis. Wenn die Reisekasse 20 bis 30 Euro für ein Menü hergibt, dann sollten Sie es sich nicht entgehen lassen. Wenn nicht, dann gibt es aber auch andere Möglichkeiten, Nizzas kulinarische Vielfalt kennenzulernen, denn auch Bäckereien bieten die Backwaren, wie zum Beispiel Pissaladière, an und auf dem Markt erhalten Sie für drei bis vier Euro auch leckere frisch zubereitete Socca.

Dazu genießt man am besten ein Glas Wein - gern auch schon zu früherer Stunde - aus dem regionalen Angebot. Als Aperitif oder Digestif oder auch mit Wasser verdünnt als Erfrischungsgetränk für zwischendurch, wird in Nizza wie auch im Rest von Frankreich gern *Pastis* (ein Likör, der aus Anis hergestellt wird) getrunken. Natürlich bekommt man aber auch überall Wasser, Bier, alkoholfreie Erfrischungsgetränke und Kaffee in verschiedenen Zubereitungen.

> ### *Insider-Tipp*
>
> Die üblichen Essenszeiten in Frankreich sind von 12:00/12:30 Uhr bis 14:00/14:30 Uhr und von 19:00 Uhr bis 22:00 Uhr. Zwischen 14:00 Uhr und 19:00 Uhr haben die meisten Restaurants geschlossen und auch nach 22:00 Uhr wird es schwierig. Auch gibt es keine allgemeine Regelung, an welchem Tag Restaurants geschlossen sind, sondern jedes Lokal hat seine eigenen Öffnungszeiten.

Verkehrsmittel und Unterkünfte

Hotels gibt es unzählige in Nizza, und zwar in allen Komfort- und Preiskategorien. Dies ist ein Bereich, in dem Sie ganz individuell schauen müssen, welche Aspekte - zum Beispiel Lage, Ausstattung, Service - für Sie am wichtigsten sind und wie viel Geld Sie dafür ausgeben können und möchten. Idealerweise finden Sie ein Hotel in Strandnähe, im Zentrum oder in der Altstadt als besten Ausgangspunkt für Ihren Urlaub. Da so ziemlich jeder aber hier wohnen möchte, ist es entsprechend schwierig und zumindest in der Hauptsaison fast unmöglich, hier ein Zimmer zu finden bzw. die Preise der verfügbaren Zimmer sind unerschwinglich hoch. Es gibt aber viele Busverbindungen und mittlerweile auch eine Straßenbahn in der Stadt und Nizza ist außerdem nicht so groß, dass man die wichtigsten Ziele nicht zu Fuß erreichen könnte. Also überlegen Sie bei der Hotelsuche, ob es nicht auch mit einem weiter vom Strand und den Sehenswürdigkeiten entfernten dafür aber günstigeren Hotel getan ist - so reicht Ihr Budget für ein paar Tage mehr Urlaub und Unternehmungen. Vergleichen Sie Preise und Bewertungen, denn nur Sterne sagen leider nicht viel, im Internet und achten Sie auf Angebote von Reiseveranstaltern.

Insider-Tipp

Es müssen nicht immer drei oder mehr Sterne sein. Nizza hat auch sehr gute Zwei-Sterne-Hotels. Besonders empfehlenswert ist das *Comté de Nice*, das zwar mit seiner Lage in der Rue de Dijon ungefähr einen Kilometer vom Zentrum entfernt liegt, aber dafür zu angenehmen Preisen über gepflegte komfortable Zimmer mit freiem WLAN

---

und eine Tiefgarage verfügt. Das Personal des familiär geführten Hotels ist sehr freundlich und hilfsbereit. Der Bahnhof und eine Straßenbahnhaltestelle befinden sich nur wenige Gehminuten entfernt. Außerdem gibt es einen Markt und auch einen Supermarkt um die Ecke. Wenn man länger bleiben möchte, empfiehlt es sich, ein Apartment in dem Hotel zu buchen, da man hier dann eine kleine Küche hat und sich selbst versorgen kann.

Und wie kommt man nach Nizza?

Die schnellste Möglichkeit ist mit dem Flugzeug. Direkt in Nizza befindet sich ein Flughafen, zu dem mehrere Anbieter von Deutschland aus Flüge anbieten. Der Flug dauert circa zwei Stunden und kostet, wenn man Glück hat, sogar weniger als 50 Euro.

Mit der Bahn gelangen Sie über Paris oder Lyon nach Nizza. Sie müssen in einen französischen Hochgeschwindigkeitszug *(TGV)* umsteigen, denn es gibt keine Direktverbindung von Deutschland und für die Fahrt müssen Sie einen Tag einplanen. Die Preise variieren je nach Strecke und Nachfrage. Mehr Informationen erhalten Sie bei der Deutschen Bahn.

Ebenfalls eine Tagesdauer müssen Sie für die Anreise mit dem Bus einplanen. Verschiedene Anbieter, wie zum Beispiel Flixbus, bringen Sie aber dafür zu günstigen Preisen und ohne Umsteigen an Ihr Ziel. Weitere Informationen finden Sie auf *https://de.nicetourisme.com/mit-dem-reisebus*.

Natürlich gelangen Sie auch mit dem Auto nach Nizza. Hierfür müssen Sie je nach Abfahrtsort 13 bis 16 Stunden einplanen, wenn alles gut läuft und Sie nicht im Stau stehen. So eine lange Autofahrt sollte wohlüberlegt sein, da sie sehr stressig und anstrengend ist. Am besten sollte man eine Übernachtung zwischendurch einplanen, was wieder Zeit und Geld kostet.

Für die Fahrt sollte man über die französischen Autobahnen, nicht über Italien, fahren, denn diese sind besser ausgebaut und nicht so überfüllt. Die direkteste Strecke führt über die A6 südlich von Dijon, bei Lyon auf die A7 und dann auf die A8. In Nizza gibt es mehrere Ausfahrten, je nachdem, in welchen Stadtteil Sie möchten. Es kommen aber nicht nur die Benzinkosten auf Sie zu, sondern es gibt auf französischen Autobahnen eine Maut-Pflicht *(péage)* von sieben Euro oder mehr pro 100 Kilometer, d.h. Sie müssen bei der Auffahrt auf die betreffende Autobahn ein Ticket ziehen, welches Sie in bar oder mit EC-Karte bezahlen und unbedingt aufbewahren müssen. Außerdem müssen Sie die Höchstgeschwindigkeit von 130 (bei Nässe 110) Stundenkilometern beachten. Und dann haben Sie die Herausforderung, in Nizza eine Parkmöglichkeit zu finden, sofern Ihr Hotel keine (meist kostenpflichtige) Garage anbietet.

Zwar sind Sie mit dem Auto unabhängig und brauchen sich auch um Ihr Gepäck nicht zu sorgen. Entspannter ist es jedoch, mit dem Flugzeug, der Bahn oder dem Bus anzureisen und sich vor Ort nur, wenn man weitere Touren ins Hinterland machen möchte, einen Mietwagen zu nehmen.

Als praktische, günstige (und umweltfreundliche) Alternative gibt es aber auch *Vélobleu*. Hierbei handelt es sich um Fahrräder, die an 175 Standorten - alle 300 Meter befindet sich eine Station - gemietet werden können. Man muss nur das Fahrrad an der Station mit seiner Bankkarte freischalten und den Sprachterminal anrufen. Diese flexible Fortbewegungsmöglichkeit kostet Sie beispielsweise fünf Euro für sieben Tage.

Auch das Busnetz ist gut verzweigt und die Busse verkehren in kurzen Abständen, auch bis in die Nacht *(Noctambus)*. Mit der Straßenbahn kommen Sie ebenfalls zum Beispiel in sieben Minuten vom Hotel Comté de Nice zum Strand. Der Einzelfahrschein inklusive Umsteigen kostet 1,50 Euro und gilt 74 Minuten. Außerdem gibt es günstige Angebote für Tages-, Wochen- und Gruppenkarten.

> Achtung, nicht knicken –
> dann verliert der Fahrschein seine Gültigkeit!

Praktische Tipps

Zum Schluss möchte ich Ihnen jetzt noch ein paar Hinweise für Ihren Urlaubsalltag mitgeben.

Kostenloses WLAN finden

WLAN heißt auf Französisch *WiFi* und gehört heutzutage bekanntlich zu den Dingen, auf die niemand verzichten möchte. Kaum auszudenken wäre es, während des Urlaubs nicht über die sozialen Medien mit den Freunden und der Familie in Kontakt zu bleiben und mit ihnen alles direkt zu teilen, was man erlebt und sieht. Über die mobile Datenverbindung des Smartphones sollte man das aber auf keinen Fall tun, denn da kann ein kurzer Chat schon mal fast die halbe Urlaubskasse kosten.

Deshalb sollten Sie unbedingt - bevor Sie aus dem Flugzeug steigen bzw. die Landesgrenze überschreiten - das Datenroaming und Ihre mobile Datenverbindung deaktivieren. *WiFi gratuit*, also kostenloses WLAN, gibt es inzwischen an vielen Orten. Ganz voran steht natürlich der Flughafen, aber auch an vielen öffentlichen Plätzen wie der *Promenade des Anglais*, dem *Place Masséna*, dem *Place Garibaldi* und dem *Cours Saleya* sowie in Einkaufszentren wie dem *Nice Étoile Shopping Center* gibt es einen kostenlosen Internetzugang. Schauen Sie einfach in der Liste Ihrer verfügbaren Netzwerke nach *Spot WiFi Nice* und aktivieren Sie es. Einen Zugangscode brauchen Sie nicht. Nach einer Stunde werden Sie allerdings automatisch abgemeldet, können sich aber unbegrenzt oft wieder neu anmelden.

> Doch Achtung: Der Name *FreeWiFi* ist nur ein Name - und keineswegs kostenfrei!

Darüber hinaus bieten viele Cafés ihren Gästen WLAN an - natürlich müssen Sie dann dort etwas konsumieren. Empfehlenswerte WiFi-Cafés sind zum Beispiel das zentral gelegene *Sun Sea Blue*, Quai des États-Unis 71 und das in der Altstadt gelegene *Virtu@l Café*, Rue Arson 43.

Seit Kurzem bietet das *Office de Tourisme de Nice* für Besucher der Stadt etwas ganz Neues an: mobile Hotspots. Diese kleinen Plastikkästen können Sie im Tourismusbüro an der Promenade des Anglais ausleihen und in einem vorfrankierten Umschlag einfach am Ende Ihres Urlaubs wieder zurückschicken. Die Kosten der Nutzung variieren je nach Datenvolumen, bewegen sich aber mit acht Euro pro Tag im überschaubaren Rahmen, zumal ein Hotspot für bis zu zehn Nutzer gilt - und ermöglichen Ihnen Internet überall, wo Sie gerade sind.

Was darf man, was nicht?

Interdiction de fumer - Rauchen ist verboten. Wie auch in Deutschland darf man sich in Restaurants, Cafés etc. keine Zigarette anzünden, doch nicht nur in Lokalen gilt dies in Nizza. Auch in öffentlichen Gebäuden und an öffentlichen Plätzen ist das Rauchen untersagt. Dazu zählen auch die Strandpromenade und an mehreren Abschnitten auch der Strand selbst. Achten Sie bei den Stränden auf die Schilder -

plage sans tabac oder *plage non-fumeur* bedeutet, dass der Glimmstängel draußen bleiben muss.

Auch der Konsum von Alkohol in der Öffentlichkeit ist untersagt, allerdings nur von 20:00 Uhr bis 5:00 Uhr morgens. Als Öffentlichkeit zählen in diesem Fall natürlich keine Restaurants, Bars, Clubs und Hotels, die alkoholische Getränke ausschenken. Dafür betrifft das Verbot aber alle Straßen, Gassen, Promenaden, Plätze und Strände außerhalb des zu einem Lokal gehörenden Bereichs.

Vorbei sind also die Zeiten, in denen man mit einer gekauften Flasche Wein auf einer Bank auf der Promenade des Anglais oder direkt am Strand sitzen und sich ohne das Getümmel eines Gastronomiebetriebes anschauen konnte, wie die Sonne in bunten Farben im Meer versinkt und die Sterne vom Himmel funkeln. Aber im Grunde ist dieser Anblick so schön, dass man dafür auch gern auf ein alkoholisches Getränk verzichten kann.

Apropos Strand - so verlockend es auch erscheint, sich ein Souvenir mitzunehmen, die zwar harten, aber oft sehr schön geformten und gemusterten Steine müssen da bleiben, wo sie sind. Darauf weisen auch explizit die Schilder an der Promenade hin.

Sich als Frau oben ohne am Strand zu sonnen oder baden zu gehen, ist hingegen nicht verboten, auch wenn es eher selten gemacht wird und gegebenenfalls nicht auf allzu freundliche Zustimmung stößt. Auf der Promenade ist es hingegen ausdrücklich nicht erlaubt, als Frau ohne Oberteil herumzulaufen. Ein richtiger FKK-Strand befindet sich übrigens nur ganz im Osten der Stadt *(Plage de la Plateforme)*, und wenn Sie sich tatsächlich nahtlos bräunen wollen, sollten Sie das dort tun.

Fauxpas und Fallen, die man vermeiden sollte

Mit dem Auto zu fahren ist in Nizza, wie in ganz Frankreich, ein Abenteuer, wenn nicht sogar eine Mutprobe, auf jeden Fall aber ein Erlebnis. Wenn Sie in einem Kreisverkehr fahren, seien Sie darauf gefasst, dass Autos von der inneren Spur ganz plötzlich – natürlich, ohne zu blinken – die nächste Ausfahrt nehmen.

Wenn Sie sich selbst auf der inneren Spur befinden, rechnen Sie damit, dass Sie dort einen nicht unbeachtlichen Anteil Ihrer Lebenszeit verbringen werden. Denn freiwillig herauslassen wird Sie so schnell keiner, auch wenn Sie blinken. Auch innerorts zu überholen oder ohne zu blinken die Fahrspur zu wechseln, ist ganz normal. Verkehrsregeln gibt es natürlich, nur scheint sie kaum einer zu kennen. Auch als Fußgänger muss man aufpassen: Zebrastreifen werden von vielen eher als Dekoration der Fahrbahn gesehen, rote Ampeln als festliche Beleuchtung. Wenn Sie Ihr Auto parken möchten, sofern Sie denn einen freien Parkplatz gefunden haben, achten Sie darauf, dass genügend Platz zu den nächstparkenden Autos vorhanden ist.

Denn sonst dürfen Sie sich vielleicht über Schrammen, Beulen oder abgeknickte Seitenspiegel freuen, wenn Sie zurückkommen. Dahinter steckt allerdings kein böser Wille - in Frankreich ist das Auto eben ein Gebrauchsgegenstand und die Liebe, die Deutsche ihren vierrädrigen Familienmitgliedern entgegenbringen, stößt hier meist auf verwunderte Blicke und Kopfschütteln.

Ein Fauxpas, den Sie lieber nicht begehen sollten, wenn Sie nicht verächtliche Blicke und den Stempel "Kulturbanause" ernten wollen, ist eine Weinschorle zu bestellen. Wein ist in Frankreich heilig und ihn mit Wasser zu verpanschen ein Frevel. Der 40- bis 45-prozentige *Pastis* hingegen wird, um ihn als ein Erfrischungsgetränk zu genießen, mit Wasser verdünnt getrunken. Im Café oder Restaurant können Sie ihn mit einer Karaffe Wasser *(carafe d'eau)* bestellen und so selbst bestimmen, wie stark Sie ihn verdünnen möchten. Eiswürfel werden meist ins Glas gelegt, ohne dass man extra danach fragen muss.

Schwierig ist es in Frankreich, dem Land des *Café au lait*, einen normalen Kaffee zu bekommen. Sie können hoffnungsvoll einen *café filtre* oder *café américain* bestellen, wahlweise mit dem Zusatz *sans lait* (ohne Milch), *sans sucre* (ohne Zucker) oder *sans rien* (ohne alles). Allerdings dürfen Sie geschmacklich nicht zu viel erwarten.

L'addition, s'il vous plaît! Das heißt auf Französisch: Die Rechnung, bitte! In Frankreich ist es nicht üblich, dass man in einer Gruppe nicht auch zusammen bezahlt. Wenn Sie also um getrennte Rechnungen bitten, werden Sie verständnislos angeschaut werden. Besser lassen Sie alles auf eine Rechnung setzen und regeln unter sich, wer was zu bezahlen hat.

Ebenfalls ein Fauxpas wäre es, in einem französischen Restaurant oder Café nach den Toiletten *(les toilettes)* zu fragen. Man sagt nicht öffentlich, dass man mal muss. Die richtige Frage ist: *Où sont les lavabos?* (Wo sind die Waschbecken?)

Bevor Sie die Rechnung bezahlen, überprüfen Sie unbedingt, ob Sie alles, was da aufgelistet ist, auch wirklich bestellt haben. Es ist nämlich durchaus üblich, die Positionen leicht zu verändern, um einen höheren Preis auszuweisen. So wird zum Beispiel aus einem Glas Wein *(un verre)* ein Krug *(un pichet)*, aus einer Tasse Filterkaffee ein Becher Cappuccino oder aus Leitungswasser eine Flasche teures Mineralwasser *(Perrier)*.

Beim Bezahlen vergessen Sie bitte trotzdem nicht, der Bedienung ein Trinkgeld *(pourboire)* zu geben bzw. auf dem Tisch zu hinterlassen, denn auch in Frankreich gehört das zum guten Ton - auch wenn bereits eine Service-Pauschale von 15 % in der Rechnung enthalten ist. Üblich sind deshalb, egal wie hoch der Rechnungsbetrag ist, aber nur wenige Euro, wobei es natürlich in Ihrem eigenen Ermessen liegt, ob Sie mehr geben möchten.

Fauxpas ist übrigens Französisch für Fehltritt bzw. heißt wörtlich falscher Schritt. Ein falscher Schritt oder überhaupt ein Schritt barfuß am Strand von Nizza kann schon mal schmerzhaft sein - es sei denn, man hat genug Hornhaut unter den Fußsohlen. Anderenfalls sollte man am Strand nur mit Schuhen (Badelatschen oder Flip-Flops) laufen, denn er besteht ausnahmslos aus Steinen. Und zwar nicht aus feinen Kieselsteinchen, sondern ziemlich großen, dicken, immerhin aber abgerundeten... Steinen eben. Und die sind hart. Auch, wenn man darauf liegt. Statt nur eines Badehandtuchs sollte man daher mindestens eine Strandmatte, besser aber eine Isomatte mitnehmen. Aber dafür ist der Blick über die Bucht umso schöner, und wenn Sie erst einmal im angenehm temperierten Mittelmeer schwimmen, merken Sie auch keine Steine mehr unter den Füßen.

Krank im Urlaub

Auch wenn sich jeder wünscht, dass es nicht passiert, so kann es doch jedem passieren, dass er im Urlaub krank wird. Wenn Sie einen Arzt konsultieren müssen, dann fragen Sie am besten an der Rezeption Ihres Hotels nach einem *docteur* in der Nähe *(près d'ici)*. Die Arztrechnung muss man in Frankreich direkt persönlich bezahlen. Sie können aber mit dem Formular *(Feuille de Soins)*, auf welchem beim Arzt Ihre Personalien und die erbrachte

Behandlung vermerkt sind, bei Ihrer deutschen Krankenkasse die Erstattung beantragen.

Wenn Sie einen Krankenwagen benötigen, rufen Sie die europaweit gültige Nummer 112 an oder sagen der nächstmöglichen Person Bescheid: *Il faut appeler le SAMU.*

Oftmals wird es aber hoffentlich ausreichen, wenn Sie sich ein Medikament aus der Apotheke besorgen. Eine 24 Stunden geöffnete *pharmacie* finden Sie zum Beispiel in der Rue Masséna 7 und der Avenue Jean Médecin 66.

Die übliche Reiseapotheke inklusive eines Mittels gegen Durchfall (Wir sind zwar nur in Frankreich, trotzdem handelt es sich um eine südliche Region.) sowie natürlich Ihre Medikamente, die Sie gegebenenfalls bei chronischen Erkrankungen nehmen müssen, sollten ohnehin nicht in Ihrem Gepäck fehlen. Außerdem sollten Sie eine Zeckenzange dabeihaben, speziell wenn Sie Ausflüge in die Natur unternehmen oder mit Ihrem Hund verreisen, da es in der Provence im Sommer vermehrt Zecken gibt.

Sicherheit und Kriminalität

Bei aller Schönheit ist Nizza auch eine der Städte mit der höchsten Kriminalität in Frankreich. Taschendiebstähle und Überfälle gehören zum Alltag, deshalb achten Sie unbedingt auf Ihre Wertsachen. Wenn Sie mit dem Auto unterwegs sind, vergessen Sie nicht, es abzuschließen und lassen Sie am besten niemals Wertsachen darin. Wenn Sie es doch müssen, dann schließen Sie sie im Handschuhfach ein und passen Sie auf, dass Sie dabei niemand beobachtet. Ebenso passen Sie auf, dass niemand Ihnen beim Geld abheben an einem der leider meist an der Außenseite der Bankgebäude angebrachten Geldautomaten zusieht und/oder Sie Rückendeckung von einer Vertrauensperson haben.

Ihre Wertsachen tragen Sie am besten eng am Körper an einer Stelle, wo Sie sie im Blick haben oder sie vor anderen versteckt sind. Bei den angenehmen Temperaturen wird man zwar eher nicht mit einer Jacke mit Innentaschen unterwegs sein. Doch zum Beispiel in einer vorderen Hosentasche (niemals in der Gesäßtasche!) oder der Bauchtasche einer Sweatshirtjacke sind die Sachen gut aufgehoben.

Wer mag, kann auch auf einen Brustbeutel zurückgreifen. Viele Frauen mögen natürlich nicht auf ihre Handtasche verzichten, ist sie doch eine Art Überlebenskoffer. Im Prinzip ist das nicht mal schlimm, obwohl sie natürlich traditionell das primäre Ziel von Taschendieben ist. Aber wenn Sie sie fest im Griff und im Auge haben und die wirklich wichtigen Sachen wie Papiere, Geld, Kreditkarten, Handy und Schlüssel in einem mit Reißverschluss gesicherten Innenfach aufbewahren, dann ist sie auf jeden Fall ein sichererer Ort als des Mannes Gesäßtasche, aus der das Portemonnaie vorwitzig herausschaut oder ein Rucksack, der als Selbstbedienungsladen für Diebe unbeaufsichtigt hinter dem Rücken baumelt.

Die Polizeistation *(Commissariat Nice Central)* befindet sich in der Avenue du Maréchal Foch 1 in der Altstadt.

Wann reist man am besten nach Nizza?
Die beste Zeit, um nach Nizza zu reisen ist... das ganze Jahr über. Tatsächlich gibt es von Januar bis Dezember keinen Monat, in dem die Stadt nicht einen Besuch wert wäre. Denn mit den milden Temperaturen lässt es sich selbst im Winter gut aushalten und im Vergleich zu Deutschland kommt es einem dann immer noch fast wie Sommer vor. Baden ist dann bei 12 Grad Celsius natürlich nur etwas für Hartgesottene. Allen anderen würde ich empfehlen,

ab Ende Oktober bis Ende Februar, wenn es kühler ist und öfter mal regnet, für eine Besichtigung der Monumente und Museen hierher zu kommen; an den regenfreien Tagen bleiben dann auch immer noch genug Gelegenheiten, um bei Radtouren und Wanderungen die Gegend zu erkunden.

Für solche sportlichen Unternehmungen unter freiem Himmel und dann auch schon ein bisschen mehr Strand-Feeling sind die Monate März, April und Mai auch sehr gut geeignet. Dann ist es noch nicht so heiß, dass man sich nicht mehr körperlich betätigen mag und die vielfältige Flora und Fauna der Region erwacht im Frühling zu beeindruckenden Bildern. Für den klassischen Badeurlaub kommen Sie am besten von Juni bis September nach Nizza. Dann genießen Sie fast jeden Tag Sonnenschein und Wassertemperaturen von 20 bis 23 Grad Celsius. Im Juli und August würde ich jedem, der es nicht ganz so turbulent mag, nicht unbedingt zu einem Trip an die Côte d'Azur raten, da die Stadt in dieser Zeit wirklich voll von Touristen ist und auch die Hotelpreise am höchsten sind. Am schönsten sind die Monate Mai und September, wenn es warm, aber nicht zu heiß ist und man alle Facetten Nizzas genießen kann.

Um selbst ein Insider zu werden...

... verhalten Sie sich nicht wie ein typischer Tourist. Rennen Sie nicht mit Scheuklappen durch Nizza auf der Suche nach möglichst zahlreichen Sehenswürdigkeiten und viel Action. Liegen Sie auch nicht nur am Strand, auch wenn es schön ist. Nehmen Sie sich die Zeit und den Mut, *Nissa* richtig kennenzulernen. Schauen Sie hinter die Kulissen, gehen Sie in die kleinen Gassen, anstatt nur entlang der großen Boulevards.

Gehen Sie nicht nur in Restaurants essen, sondern kaufen Sie ein wie ein Einheimischer im Supermarkt oder besser noch auf dem Markt und in der Bäckerei. Das ist auch besser für ihren Geldbeutel und so lernen Sie die Einwohner kennen, nicht nur die anderen Touristen.

Kommen Sie mit den Einheimischen ins Gespräch, interessieren Sie sich für ihre Lebensart und ihre Geschichte(n). Am besten lernen Sie vor der Reise ein paar Worte Französisch, vielleicht sogar Nissart. Sie müssen die Sprache nicht perfekt können, nicht mal ansatzweise, aber es kommt gut an, wenn Sie zeigen, dass Sie sich auf den Ort, an dem Sie

Ihre Zeit verbringen, einlassen. Die Niçois blicken den Massen von Touristen mit einem lachenden und einem weinenden Auge entgegen.

Lachend, weil sie der Stadt Einnahmen und Arbeitsplätze bringen. Weinend aber, weil viele kein wirkliches Verständnis und Interesse für die Kultur zeigen. Seien Sie anders - dann werden Sie herzlich aufgenommen und haben die Chance, Ihrem Urlaub eine besondere Qualität zu geben.

Packliste

Geld & Finanzen

O (evtl.) Auslandswährung
O Bargeld
O Bauchtasche
O Brustbeutel
O Bauchtasche
O EC-Karte
O Kreditkarte
O Notfall-Telefonnummern der Banken
O Portmonee

Hygiene

O Haarbürste / Kamm
O Deo (klein)
O Shampoo
O Kulturtasche
O Sonnencreme
O Taschentücher

O Reise-Zahnbürste und Zahnpasta
O Verhütungsmittel

Kleidung

O Badeklamotten
O Gürtel
O Hosen kurz / lang
O Mütze / Cap / Hut
O Pullover
O Regenjacke
O Schlafanzug
O Socken
O Sonnenbrille
O Sportklamotten / Jogginghose
O T-Shirts
O Unterwäsche

Medikamente

O Blasenpflaster
O Anti-Durchfalltabletten
O Erste-Hilfe-Set

O Fiebertabletten
O Fiebertabletten
O Mückenschutz
O sonstige Medikamente
O Pflaster
O Kopfschmerztabletten

Unterlagen & Papiere

O ADAC Unterlagen
O Adresslisten für Postkarten
O Krankversicherungsnachweis
O Stadtplan
O Führerschein
O Unterlagen für die Unterkunft
O Wasserdichte Hülle für Reiseunterlagen
O Impfausweis
O Mietwagenunterlagen
O Personalausweis
O Reisepass
O Reisetagebuch
O evtl. Studentenausweis

O evtl. Visum
O Zug- / Bahn- / Flugticket

Taschen & Rucksäcke

O Koffer / Trolley / Reisetasche
O Regenhülle für Rucksack
O Rucksack

Schuhe

O Badeschlappen / Hausschuhe
O Schuhe und Wechselschuhe

Sonstiges

O Brille / Kontaktlinsen und Etui
O Buch zum Lesen
O Ohrenstöpsel und Schlafmaske
O Regenschirm
O Reisedecke
O Wasserflasche
O Wörterbuch

Elektronik

O Digitalkamera
O Handy
O Ladekabel
O Kopfhörer
O evtl. Steckdosenadapter
O Power-Bank

Herstellung und Verlag:
BoD – Books on Demand, Norderstedt
ISBN: 9783750499003

1. Auflage
Kontakt: Psiana eCom UG/ Berumer Str. 44/ 26844 Jemgum
Covergestaltung: Fenna Larsson
Coverfoto: depositphotos.com